U0113189

宅山之石

正冬 刘弘

"唐诗之路"从具象的旅行路线的索骥，上升到精神层面的探究，它呈现的是唐代的浙江文化史，同时也是一部唐代文人浙江交游史。

唐诗之路上的唐代摩崖

许力著

浙江古籍出版社

图书在版编目（CIP）数据

唐诗之路上的唐代摩崖 / 许力著 . -- 杭州 : 浙江古籍出版社，2023.5

ISBN 978-7-5540-2532-1

Ⅰ . ①唐… Ⅱ . ①许… Ⅲ . ①摩崖造像—研究—浙江—唐代 Ⅳ . ① K879.34

中国国家版本馆 CIP 数据核字（2023）第 043905 号

唐诗之路上的唐代摩崖

许　力　著

出版发行	浙江古籍出版社
	（杭州体育场路 347 号　电话 : 0571-85068292）
封面题字	薛永年
责任编辑	徐晓玲
封面设计	吴思璐
责任校对	张顺洁
责任印务	楼浩凯
照　　排	杭州立飞图文制作有限公司
印　　刷	浙江海虹彩色印务有限公司
开　　本	787×1092mm　1/32
印　　张	6
字　　数	120 千字
版　　次	2023 年 5 月第 1 版
印　　次	2023 年 5 月第 1 次印刷
书　　号	ISBN 978-7-5540-2532-1
定　　价	48.00 元

2015 年于杭州飞来峰重新发现唐卢元辅石刻摩崖

杭州飞来峰唐乌重儒题名石刻

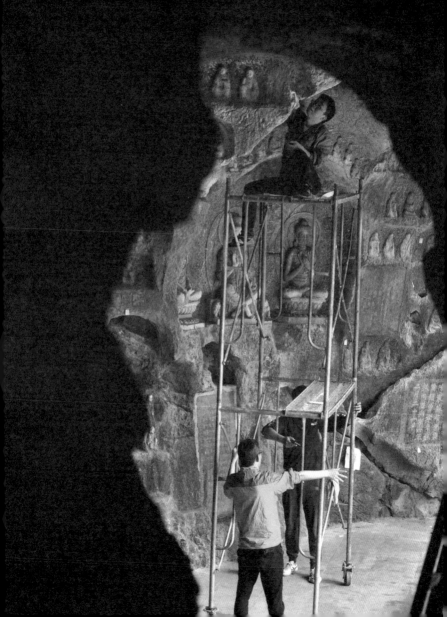

杭州西湖风景名胜区钱江管理处文物科石刻资料采集
（石屋洞造像题名及石刻勘察）

2019 年杭州南屏山摩崖集群勘察

杭州西湖风景名胜区钱江管理处文物科资料采集（水乐洞摩崖拓制）

杭州南屏山摩崖石刻勘察

与故宫、中国美术学院专家勘察杭州净慈寺摩崖石刻

杭州飞来峰唐代摩崖地貌

温州雁荡山唐夏启伯开路记摩崖境况

海宁唐代经幢资料收集

海宁唐会昌四年经幢局部

寺前偃坐對斜陽世
人紛紛閙茶忙不識
少溫真神面開聽松
子打石床

天台許力
向和許力小友潭南惠山
寺余題生錫山閒樓劉丹

唐李阳冰篆"听松"拓本（刘丹先生题跋。原石在无锡惠山）

唐李邕撰绍兴《唐秦望山
法华寺碑》碑文及碑额拓本
（原碑已残，现存碑为明代刻）

天台赤城山悟空洞唐代清观大师书"释忏"摩崖拓本

天台石梁飞瀑

天台赤城山

天台桐柏琼台仙人座

天台唐代柳泌"题琼台"摩崖石刻局部

天台山国清寺唐代香樟

序

　　我因虚长几岁，被许力先生请来写序，着实感到诚惶诚恐。读罢书稿则再次验证了自己最初的直觉，的确勉为其难。怎奈事已至此，也只能尽力而为了。因为我于此不是纯粹的内行，所以拙文如果不能尽如人意的话，但求本书作者网开一面，不要介意。

　　我和许力先生是2017年认识的，当时我正在进行故宫博物院"黄易金石学研究"科研课题第二阶段研究工作，故宫藏黄易《访古纪游图册》是研究的重点之一。我尝撰写发表《黄易〈访古纪游图册〉误改纪年考》一文（《国家博物馆馆刊》2017年第1期），在徐邦达先生、刘九庵先生等故宫前辈鉴定意见基础之上，分析考证认为作品署款时间"辛卯"系"乙卯"之刻意误改。

　　2017年12月18日至20日，我赴杭州进行"黄易江浙访古纪游专题考察"，在许力、丁筱等同人的大力协助下，对杭州西湖景区内飞来峰、龙泓洞、南屏山、净慈寺、水乐洞、石屋洞等地摩崖石刻题名进行了观摩排查，不仅验证了文献记载中龙泓洞黄易钱泳题名、南屏山黄易等题名的存在，而且首次完整发现水乐洞秦瀛、黄易等题名。三处题名时间皆为乾隆六十年（乙卯，1795）冬，从而为我的研究观点又补充了新的证据（两条间接证据、一条直接证据）。我为此撰写发表了《黄易〈访古纪游图册〉误改纪年新证》一文（《杭州文博》2018年第20辑）。其中"水乐洞秦瀛、黄易等题名"的发现最具价值。我起初从黄易《访古纪游图册》之《水乐洞》一图自题"茂苑刘吴两君计余必至，先与秦观察小岘诸公题名合刻"一句判断，水乐洞内必有黄易题名，且与秦瀛等人题名在一起，然而久寻未果。许力先生借"西湖摩崖石刻保护研究项目"，亦曾访拓水乐洞诸题刻，虽未见黄易及秦瀛题名，但他言有乾隆六十年（1795）十月张燕昌等人的题名，这引起了我的高度关注，因为张燕昌与黄易关系密切，乾隆六十年十月亦与黄易返杭访古的时间接近。2017年12月19日下午4时许，我与许力先生一行来到水乐洞，着重探察所谓的"张燕昌等人题名"。该题名位于水乐洞洞口内壁，由于长期渗水，表面附着了一层厚厚的石灰岩，较之周围晚清民国时期的题刻文字，其字口笔画显得十分纤细模糊，可以看清的仅有五行，且首行前两字已被生长出的石灰岩覆盖大半，许力先生此前也仅拓得"□□海盐张燕昌山阴陈广宁金匮钱泳嘉兴戴经戴光曾江宁刘微长洲吴国宝以乾隆六十年十月十日来此"等字。天色渐晚，洞内愈显昏沉。在执着与向往中，借助手电的强光，在光线与斑驳石壁的强烈反差中，我首先发现了首行"海"字上的"易"字，许力先生亦随之辨识出其上的"黄"字，"黄易"终于找到了！这行字亦终于凑齐。但"黄易"只署姓名不注籍贯不合常理，所以前面一定还有字。丁筱女士在"黄易"之"易"字右侧又发现了一个"易"字，原来是"锡"字的右半——秦瀛的籍贯正是"无锡"。以此类推，凭借多年传拓摩崖石刻的经验，许力先生最终辨识认定，前面漏掉的一行字是"无锡秦瀛钱唐"六字，这才是该题名真正的第一行字（原先认为的首行字当是第二行字）。水乐洞秦瀛、黄易等题名，隶书，凡七行五十字……此情此景，至今历历在目，收获颇丰，许力先生贡献尤多。惜有着明确记载的石屋洞黄易题名却始终没有找到，为此行一大憾事。或许真被黄易一语成谶，"他年存否，不足计也"而"磨削殆尽"了。当然，我们期待更多奇迹的出现。

近年来杭州有关单位开展了"西湖摩崖石刻保护研究项目"，清代、民国等晚期题刻亦得到了相应关注，黄易题名的一一发现正是得益于此。2019年4月6日12:09，我突然收到许力先生的微信："黄易石屋洞题名找到了！"随之发来的照片中，镌刻于洞口内侧凹凸不平岩壁上的"乾隆六十年九月十九日黄易来游"十四字，赫然在目，着实令人兴奋不已！当时许力先生课题组一行正在进行该地区摩崖石刻文字保存状况调查，偶然发现，黄易题名位置刁钻，能够发现还真是奇迹。这是西湖摩崖石刻中唯一的黄易亲笔题名，且时间最早，由此再次证明了黄易《访古纪游图册》确为"乙卯"（乾隆六十年）所作。我继而撰写发表了《石屋洞黄易题名的发现及其意义》一文。

我与许力先生的交往聚焦于杭州西湖摩崖石刻中的黄易，此后方知这些仅仅是许力先生研究的一小部分而已，这也是我写此序深感诚惶诚恐、勉为其难的原因，只能从略知一二和较为关注的方面，谈谈自己的想法。

许力先生的《唐诗之路上的唐代摩崖》是对浙江全境唐代石刻一次有益的研究与探索：以探访到的现存唐代摩崖石刻为研究主体，涉及碑刻、经幢、已佚失的刻本等各种形式的唐代文字石刻留存，借以补充部分文献著录失载或误载的石刻名品，是在江南文化的大背景下，浙江唐代历史实物的再次诗意呈现。作者一路走来，与艰辛踏勘的石刻所在长兴、德清、海宁、桐庐、淳安、杭州、绍兴、宁波、天台、金华、缙云、丽水、青田、乐清等地相对仗的，分别是"与杜牧的那一场约""听水——太守的风雅""香烟缭绕的大唐""富春远帆""采铜之坚""天竺飞来的宿缘""天界的枢纽""彼岸的幻想""东土佛国""一抹大唐晚霞""盛唐逸风""刺史的忧郁""山水远方""锦绣绝响"，在现实主义基调中颇具浪漫主义色彩。其间跋山涉水、攀萝葛、披荆斩棘，甚至屡遭险患，寒来暑往，几次三番，于今终有所成，幸甚幸甚！本书中涉及浙江唐代摩崖石刻总计46处，新发现的就有19处，其中长兴5处、淳安1处、杭州5处、天台2处、缙云2处、青田2处、乐清2处，即：

长兴，西顾山斫射芥老鸦窝摩崖，张文规题诗、张文规题名、裴汶等题名、李词等题名、大中年间题名。

淳安，洪洞山采铜摩崖。

杭州，西湖飞来峰源少良等题名、王澹等题名、萧悦等题名，定山风水洞唐代题名两则。

天台，天台山柳泌《题琼台》诗、元和题记。

缙云，吏隐山李阳冰篆书《吏隐山记》、李湜吏隐山题记。

青田，石门洞徐峤残诗、张愿残诗。

乐清，雁荡山灵峰夏启伯题名、大龙湫杜审言题名。

"版本"一词最近备受关注，碑帖拓本的版本也随之成为一个热门话题。愚以为这里的"版"可以理解为碑帖的刻石（底版），"本"则泛指传拓的拓本（复本）。刻石为原石且时代越早价值越高，若是名家撰书、镌刻精工则更为加持。拓本价值则主要体现在椎拓和流传两个方面：椎拓的时间越早（初拓本）、水平越高（精拓本）、内容越完整（全本）价值自然就越高，但往往鱼和熊掌不可兼得；拓本流传的经历越丰富（名家鉴藏、递藏有绪、著录清晰、考证详实、题跋累累、印鉴满满）价值越高，越是善本越是如此。

目前，我国国有公益收藏单位的碑帖拓本主要集中在各级图书馆和博物馆中，二者对碑帖拓本价值的认定基本一致：图书馆——遵循古籍保护工作中行用的从历史文物性、学术资料性、艺术代表性考察古籍价值的"三性原则"；博物馆——遵循文物保护定级工作中行用的历史价值、艺术价值、科学价值认定三原则。碑帖拓本的价值归根结底是版本价值，在"本"的价值日益为人们所重视的同时，更不能忽视"版"所具有的意义，不能忘"本"，更不能忘本。可以说"版"与"本"在时间轴线上，以此消彼长的动态平衡诠释着守恒定律。就许力先生的《唐诗之路上的唐代摩崖》而言，"版"已到来，"本"还会远吗？

秦明

2022 年 11 月 15 日于经琴室

浙江现存唐代石刻概览

开篇

　　"唐诗之路"是个现代的概念，从地理路径上来看，它包含了浙江地区几乎所有的地域风貌和自然景观；而从人文视角出发，这条路上充满了故事和想象力。有人将这条路径的地域行进方式设定为：自绍兴的上虞始发，由曹娥江上溯，沿着古剡溪水道漫游，也就是沿现在的曹娥江一直往西南方向的上游行进，途经嵊县（今嵊州），过新昌，直达天台。这条旅线，是基于曹娥江的地理水系构成，它将余姚、宁波以及海上舟山的一部分，都纳入这个区域范围。简单地说，以往的认知是，自上虞沿古剡溪，一直上溯至终点天台山的旅程，才被定义为"浙东唐诗之路"。经过近几年来对浙江"唐诗之路"上唐代石刻的寻访整理，以及相应的研究，我认为浙江的"唐诗之路"，远不应局限于此，它是江南文化的重要组成部分，也是浙江唐代历史的实物呈现，其研究和再现的地理区域，应该涵盖全浙范围。缘此，此次唐代石刻研究的探索范围，自然将延伸到地理意义上的全浙江境内。研究以已探访到的现存唐代摩崖石刻为主体，探索对象涉及碑刻、经幢、已佚失

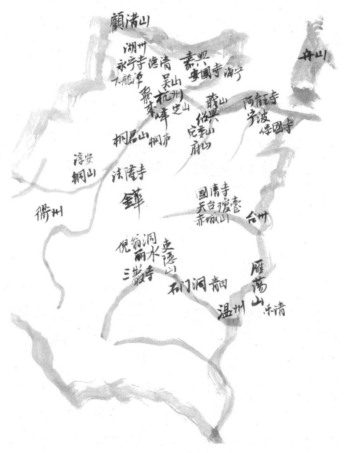

"唐诗之路"上的唐代摩崖石刻示意图

的刻本等各种形式的唐代文字石刻留存，补充部分文献著录失载或误载的石刻名品。

"唐诗之路"从具象的旅行路线的索骥，上升到精神层面的探究，它呈现的是唐代的浙江文化史，同时也是一部唐代文人浙江交游史。当年的古人来浙江，绝不仅仅为了观光，更重要的是寻访那些南山高士、山中宰执——在这条微妙的旅行线路上，隐藏了太多的皇家顾问、高僧名道。唐代士大夫来浙江寻仙访道，或者为了某种政治意图，借助旅行的形式，形成了一条隐秘的交游线路。因为这条隐逸而闪光的旅途，成就了上千首唐代诗篇，从历史遗留给我们的记录来看，来过浙江的诗人，超过百数。如若简单梳理《全唐诗》作者目录，就会发现，那些在当时就闻名天下的大诗人，基本上都曾在浙江境内留下过足迹，骆宾王、杜审言、贺知章、李白、杜甫、孟郊、皮日休、孟浩然、李邕、杜牧、张志和等等，这些星光熠熠的名字，辉耀着大唐的天空。

浙江作为地理概念大约形成于汉代，而春秋时期的浙江，大部分地域属越国，北部的嘉兴、湖州等部分地界，因濒临太湖西岸和南岸，很长一段时间内归属于吴国统辖，为吴文化所笼罩。浙江在当时是吴越文化并存的局面。最后因为楚国的兴起和秦代大一统的完成，浙江逐步形成自身独特而复杂的文化面貌。在思考"石刻唐诗之路"概念的时候，笔者觉得无论浙江的哪一块区域，都是不可或缺的，因为每个浙江地域的独特文化，都是浙江文脉的重要组成部分，如同"唐诗之路"与钱塘江、灵江、瓯江等水系都紧密相连一般。北自嘉兴、湖州，东往宁波、舟山，南至绍兴、台州、温州，西到金华和丽水、衢州，同为一体。

浙江北部是唐代摩崖石刻遗存相对比较集中的地域，又以湖州长兴唐代御茶苑石刻最为著名。长兴有一处名胜——顾渚山明月峡，唐代时其影响力直达宫廷。在这个山脉周围，包含霸王潭、老鸦岕等地方，完好保留了大量湖州刺史的摩崖石刻留题，其中最引人注目的，就有那位写出"停车坐爱枫林晚，霜叶红于二月花"的风流才子杜牧。湖州之南有德清武康镇，此地有水景名"下龙潭"，有唐人题名石刻一处，因离顾渚山并不太远，此题名和顾渚山有着惊人相似的地方。在土林镇公园内，还有唐代经幢一处，被收录于清代《两浙金石志》中。湖州原有宋代所建的墨妙亭，收藏有唐太宗李世民的亲笔草书《屏风帖》的刻石，很遗憾，数百年前就已经遗失不见，历代翻刻多次之后，终究消失于历史的尘埃中。所幸还有古代拓本传世，我们可一窥太宗手迹。

海宁，直到现在都是浙江才子的盛产地，唐代自不例外。此地有三处经幢，均为晚唐遗存，颇有文化凭吊的价值。沿着钱塘江上溯，江两岸还有留刻于悬崖绝壁之上的唐代摩崖题记。第一处是桐君山，位于富春江的江岸，归桐庐县统辖，与严子陵钓台一样，是钱塘江上游一处很重要的景观。第二处在淳安千岛湖西侧的红铜山，唐代时此处有采矿记录。这处石刻自唐玄宗天宝年间直至唐宪宗元和年间（742—820）都有记录，时代序列非常清晰。

杭州，古称钱唐、武林，是唐代石刻的又一个集中地。源于白居易的领衔和推崇，杭州大量的唐代摩崖石刻，某种意义上是以聚集的形式铺开的。唐晚期的"元和中兴"，是这些遗迹的时代推手。除了有著名的灵隐飞来峰、吴山和周边最重要的驿站袁浦定山摩崖石刻之外，还有市中心的一处晚唐开成年间（836—840）的经幢"龙兴寺佛顶尊胜陀罗尼经幢"。

由杭州向南，就进入"唐诗之路"的另一个核心区域——绍兴。绍兴的唐刻几乎都在市区，主要原因是城市位于交通要冲。绍兴最为著名的石刻，有学者认为当属"少小离家老大回"的贺知章。

宁波目前为止还没有发现与唐代有关的摩崖石刻，但在阿育王寺，至今还留有一通著名的唐碑《阿育王寺常住田碑》。这通石碑，不但证明了这所寺庙为官方创建的"血统"，以及它所拥有的田产，同时，也是唐代碑刻书法中的精品之作。此碑以行书入碑，挥洒纵横，有着明显的唐代主流书风面目，书者学习二王（东晋书圣王羲之、王献之父子）的痕迹，在碑文书法中随处可见，十分珍贵。另在市郊的保国寺，还保存有从别处移来的两通晚唐石经幢，也是唐代宗教史的重要文物遗迹。

再往东南就到了台州。台州有个特点，最重要的唐代摩崖石刻，几乎都集中在天台。当然，这并不令人感到意外，因为天台是佛教天台宗（第一个本土化佛教宗派）的发源地，早在唐代，它的影响力就远播朝鲜半岛和日本。除了有宗教的特殊原因之外，很重要的一点是，唐代时天台隐居了一些与皇室确切地说是与皇帝有着密切关联的高士，故而很多唐代名人到天台，可能都有政治因素的考虑。天台山琼台上的柳泌唐诗题刻拓片，是目前在"唐诗之路"上发现的唯一一首被《全唐诗》收录的唐诗摩崖石刻原迹。这处唐刻摩崖是笔者父亲许小胖先生于2015年2月偶然在琼台绝壁上发现的。此摩崖离地面垂直距离近300米，是悬崖断崖间伸出的一个小平台，所以只有在很特殊的位置才可以欣赏到。这处摩崖石刻自唐代元和年间（806—820）到现在保存完好。这也颠覆了天台山方志的部分著录，以及清代以来天台文人的笔记研究。天台国清寺有一件至宝，国清寺的僧人们看守很严，是唐物中的珍品。在五百罗汉堂的正对面墙上有个玻璃框，常年都是水汽弥漫，隔着玻璃，里面那几个字还是能看得清楚——大中国清之寺，右侧有落款"柳公权书"。这是柳公权目前存世的、已发现的唯一的摩崖榜题，单字字径大概有30余厘米。如此大字已经算是古代榜题中的巨型文字。古人尤其宋以前人写字，是一手举纸，另一手举笔，悬空书写。唐人写字的常态，一般都不会太大，日常书写最大也就指掌字而已。这一点在孙晓云先生的《书法有法》专著里有深入的研究。笔者曾于文献中搜检，推测柳公权的"大中国清之寺"原迹，当年或是写在诏书的拖尾上，后来寺僧怕它湮灭，就把它复刻到了国清寺后山的崖壁上，这是目前存世柳公权摩崖的孤本。北宋的大书法家米芾，当年为了寻访它，花了数年时间，亲自到国清寺，此后在其专著《海岳名言》里专门留下一则关于柳公权摩崖石刻的记录。天台已发现的唐刻中还有一颗遗珠——桐柏宫鸣鹤观中，有两尊唐代伯夷、叔齐石像，其背后刻有像名。明代徐霞客亲访此处，清代也有学者将此像名石刻书法归入李阳冰名下。笔者收录于此，聊备一说。

过天台后往西可以到金华，被当时的浙江巡抚阮元收入《两浙金石志》的法隆寺经幢，依然以华丽的大唐风姿向世人昭示那个盛世的绝美。根据志书记载，金华的双龙洞里还留有唐人祈雨的题刻，虽然目前还没有找到确切的地点，或者早已湮没在历史的长河中，但双龙洞依然是我们怀古的佳处。

缙云已经进入丽水的辖区，此处唐刻不少，源于那位唐代大书法家李阳冰。缙云现存唐代碑刻有三处，都是宋人翻刻唐碑；摩崖也有三处，以倪翁洞一处最为著名。市区的公园里，就留着李阳冰、李湜的摩崖石刻。

除了缙云，丽水市区还有一处唐代摩崖——三岩寺的李邕石刻榜题，单字体量之大，蔚为壮观，与天台山国清寺的柳公权石刻榜题，堪为浙江唐代摩崖大字双绝。

丽水往南便是青田，这里的石门洞景区颇负盛名。据当地方志记载，该地有唐人石刻题名四处，还有极其珍贵的南朝山水大诗人谢灵运的摩崖题诗。其中又以唐代天宝年间（742—756）诸暨县令郭密之的两首石门诗摩崖最为显眼。郭氏本是诗人，《全唐诗》收录有他的作品。他有一个特别要好的朋友，就是写下"天下谁人不识君"的边塞诗人高适。

石刻"唐诗之路"的最后目的地，是温州北部的乐清。乐清的雁荡山是中国沿海地区的名胜，在历史上与天台山并称天下绝景，也一度是大唐诗人们江南旅行的终点。唐代的雁荡山，也曾是一个经常遇到"神迹"的地方。雁荡山的摩崖自唐朝延续到近现代，石刻题记的序列保存得非常完好，比如灵峰、大小龙湫、香炉峰等地域，摩崖石刻内容非常丰富，从年代、人物到书体、文体均有所涉猎。这里保存有浙江省内目前为止发现最早的地方太守游山石刻题记——夏启伯题名。夏氏是唐玄宗李隆基开元年间（713—741）的太守。此则题名内容虽简单，主要是开山和造寺的记录，但在时间的维度上拔得头筹。

走过先贤们在浙江留下的踪迹，如同破解达·芬奇密码，别样的惊喜，别样的沉浸。一一摩挲，一一记下，江南的水墨长卷，自此缓缓展开，在走近古人的同时，与天地融为一体。

一 长兴：与杜牧的那一场约

　　江南人不喜欢复杂的茶饮，绿茶是上天馈赠的珍品。龙井、云雾、紫笋，那一丛丛清茗，在云雨的润泽下，慵懒地伸展，悠然地生长，自在了千年，那种沁入骨子里的优雅，才是江南。

　　长兴位于浙江省的北端，濒临太湖的西南侧。春秋时，为吴国所辖，后属越国，最终为楚所灭。秦代大一统后，属会稽郡，隋代属湖州。唐代行政归属有所反复，但仍属湖州管辖。唐代中晚期，长兴成为大唐皇室贡茶的主要地区之一。此地出产紫笋茶，大诗人杜牧盛赞"山实东吴秀，茶称瑞草魁"。大历五年（770），朝廷在顾渚山设立贡茶院，由当地主要行政长官，也就是湖州刺史直接管理。因而，很多到此处任职的官员是诗人、文人，为了长留天地间，与金石同趋不朽，摩崖题刻风行一时。据长兴的地方志记载，唐代有二十八位刺史来此督贡，贡茶院设立近百年，苕山的名流有名可稽者不计其数，闻名者如陆羽、皎然、颜真卿、杜牧等等。

长兴现存的唐代摩崖题刻有三处，俱在顾渚山周围。一为西顾山（又名白洋山或银山）最高堂摩崖题刻，其中包含袁高题名、于頔题名、杜牧题记并诗等三则；斫射岕老鸦窝摩崖题刻，其中包括张文规题诗一则、张文规题名一则、裴汶等题名一则、李词等题名一则、大中年间题名一则，共五则；悬臼岕霸王潭有摩崖杨汉公题记一则，共计九方。

以下按照就近集中的考察线路，逐一进行探访，并结合清代金石学家阮元所著的《两浙金石志》、清代陆心源《吴兴金石记》以及《长兴县志》等地方志的著录，对各处摩崖石刻文本进行考订释读。

首先是西顾山。此处的三则摩崖题刻，分别刻于唐德宗兴元元年（784）、贞元八年（792）和宣宗大中五年（851），同在一个崖面上。此处交通最为便利，风景优美，田园风光轻快怡人，周围竹林茶田，一派桃花源的景象。如有可能，就崖下，静坐品茗，不失为一大快事。崖面离地面并不高，从路口拾级而上，大概也就十来米的距离，便能到达一处平台。当地文物部门为保护这一重要题记，以及方便游人参观，在崖壁顶部建有保护性结构，可遮挡风雨及防止阳光暴晒。由于崖面是沙砾状的岩石属性，所以剥蚀得非常厉害。字口肉眼辨识困难，隐约可见字体轮廓。目前这些摩崖需要借助强光手电才能看得比较清晰。长兴博物馆已经制作了题刻拓片，使我们得以清晰地品读这些唐代遗迹。

崖面最上层的部分，是唐德宗兴元元年（784）刺史袁高的石刻题记，《两浙金石志》将其定名为"唐袁高题名"。此题名大字分书（分书即隶书，古人称隶书为八分书，简称分书），共十一行，每行三字。释文：

　　大唐州刺史臣袁高，奉诏修茶贡讫，至顾山最高堂，赋《茶山诗》。兴元甲子岁三春十日。

长兴顾渚山唐袁高题刻

《两浙金石志》中对此处的"顾山"之"顾"字未识出，或许清代金石志的编者是按照拓本录入释文的，编者未能亲访实地也未可知。

袁高在《新唐书》里有传，字公颐，少慷慨，慕名节，仕途坎坷，几经起落。贞元年间（785—805）卒于官，唐宪宗诏赠礼部尚书。袁高一生中最引人注目的行为，在《新唐书》卷一二〇袁氏传记里有大段精彩的描述：

> 德宗将起卢杞为饶州刺史，（袁）高当草诏，见宰相卢翰、刘从一曰："杞当国，矫诬阴贼，斥忠谊，傲明德，反易天常，使宗祏失守，天下疣痏。朝廷不置以法，才示贬黜，今还授大州，天下其谓何？"翰等不悦，命舍人作诏。诏出，高执不下，奏曰："陛下用杞为相，出入三年，附下罔上，使陛下越在草莽，群臣愿食其肉且不厌。汉法，三光不明，雨旱不时，皆宰相请罪，小者免，大者戮。杞罪万诛，陛下赦不诛，止贬新州，俄又内移，今复拜刺史，诚失天下望。"帝曰："杞不逮，是朕之过。朕已再赦。"答曰："杞天资诡险，非不逮，彼固所余。赦者，止赦其罪，不宜授刺史。愿问外廷，并敕中人听于民。若亿兆异臣之言，臣请前死。"谏官亦力争帝前。帝曰："与上佐可乎？"群臣奉诏。翌日，遣使慰高曰："朕惟卿言切至，已如奏。"太子少保韦伦曰："高言劲挺，自是陛下一良臣，宜加优礼。"

这段精彩的谏言，是唐代忠臣的典范。袁高有效地阻止了皇帝对卢杞的再次重用——卢杞就是那位害死包括颜真卿在内的大量忠臣的唐代宰相。袁高的苦谏，有效地压制了卢杞这样的大奸，是国之大幸。

历史往往不按常理出牌。卢杞有一个非常正直的儿子，他做过杭州的刺史，名卢元辅。他守牧一方，造福黎民；又写得一手好诗，为江南留下一方珍贵的唐代石刻，至今还完好地保存于杭州飞来峰上神尼塔下。

按摩崖所刻的年款来看，兴元甲子年（784），为唐德宗的年号，此年号只用了一年。袁高以湖州刺史的身份来长兴督茶，当是贡茶院确立之后的十几个年头了。也是在这一年，袁高还留下了一首著名的《茶山诗》：

> 禹贡通远俗，所图在安人。后王失其本，职吏不敢陈。
> 亦有奸佞者，因兹欲求伸。动生千金费，日使万姓贫。
> 我来顾渚源，得与茶事亲。氓辍耕农耒，采采实苦辛。
> 一夫旦当役，尽室皆同臻。扪葛上敧壁，蓬头入荒榛。
> 终朝不盈掬，手足皆鳞皴。悲嗟遍空山，草木为不春。
> 阴岭芽未吐，使者牒已频。心争造化功，走挺麋鹿均。
> 选纳无昼夜，捣声昏继晨。众工何枯栌，俯视弥伤神。
> 皇帝尚巡狩，东郊路多堙。周回绕天涯，所献愈艰勤。
> 况减兵革困，重兹固疲民。未知供御余，谁合分此珍。
> 顾省忝邦守，又惭复因循。茫茫沧海间，丹愤何由申。

从诗里可以看出，袁高体恤民情，看着茶农们辛辛苦苦地采摘，蓬头垢面地劳作，悲从中来，悲悯的情绪洋溢在诗中。这是历史上非常特殊的体现民间疾苦的诗句。一方大吏，与民众感同身受，以诗言志，劝谏朝廷，何等慈悲。此诗不由得让人想起杜甫的"三吏三别"，与之相较，未必逊色。从当时的社会局面来看，"安史之乱"平定不过才二十年，民生依旧疾苦，茶业也是如此。袁氏惜民爱民，以写诗的方式进谏，于国于民皆是大义。

在袁高题刻的正下方，是唐德宗贞元八年（792）湖州刺史于頔的石刻题记。《两浙金石志》将其定名为"唐于頔题名"。楷书，十六行，每行五字。释文：

> 使持节湖州诸军事刺史臣于頔，遵奉诏命，诣顾渚茶院，修贡毕，登西顾山最高堂，汲岩泉，试茶华

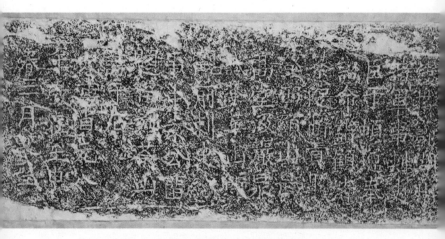

长兴顾渚山唐于頔题名拓本

山颠，观前刺史给事中袁公留题，留刻《茶山诗》于石。大唐贞元八年岁在壬申春三月既望。

于頔在史书记载中特色相当鲜明。他为人跋扈，精明狡猾，运用非常手腕将皇帝伺候得特别好。相传，于頔到了晚年，因为权柄在握，极度膨胀，竟然要挟皇帝把女儿嫁给他的儿子，并不太费力地当上了宰相。这也从侧面反映了晚唐国力的衰弱，帝王对权臣的行为已经没有压制的能力了。于頔作为"唐诗之路"上的一位历史人物，对他在浙江所扮演的角色历来评价极为复杂。他在浙江从政的前期，励精图治，嘉惠于民，但同时又暴虐成性，以至于他手下的属官不堪忍受其暴虐，跳河自杀。以下笔者节录了部分《旧唐书·于頔传》的记载，清晰地记录了他过山车般的一生，不妨一读：

> 于頔，字允元，河南人也。……出为湖州刺史。因行县至长城方山，其下有水，曰西湖，南朝疏凿，溉田三千顷，久堙废。頔命设堤塘以复之，岁获粳稻蒲鱼之利，人赖以济。州境陆地褊狭，其送终者往往不掩其棺椁，頔葬朽骨凡十余所。改苏州刺史，浚沟渎，整街衢，至今赖之……虽为政有绩，然横暴已甚，追憾湖州旧尉，封杖以计强决之。观察使王纬奏其事，德宗不省。及后頔累迁……自以为得志，益恣威虐。官吏日加科罚，其惴恐重足一迹。掾姚岘不胜其虐，与其弟泛舟于河，遂自投而死。贞元十四年，为襄州刺

史，充山南东道节度观察……吴少诚之叛，顿率兵赴唐州……破贼于濯神沟。于是广军籍，募战士，器甲犀利，倜然专有汉南之地。小失意者，皆以军法从事……时德宗方姑息方镇……顿奏请无不从。于是公然聚敛，恣意虐杀，专以凌上威下为务……及宪宗即位，威肃四方，顿稍戒惧……归朝入觐，册拜司空……十三年，顿表求致仕……其年八月卒，赠太保，谥曰"厉"。

成语"人神共愤"即与于顿有关。《旧唐书·于顿传》："顿顷拥节旄，肆行暴虐，人神共愤，法令不容。"人性就是这么难以捉摸，于顿在"肆行暴虐，人神共愤"的同时，又极为善待文人，确切地说，是颇爱那些才华横溢的文士。他施钱为人买山隐居，据传大文豪韩愈也曾投书求荐，讽刺而真实。

在于顿题刻的下方，就是此处三则摩崖中最著名的人物杜牧的石刻题记并题诗。唐宣宗大中年间（847—859），小杜离开朝廷，出守湖州。他一生浪荡不羁，仕途阴晴圆缺。湖州之于杜牧，也是人生一瞬而已。而这惊鸿一刻，足以让长兴光耀千年。杜氏此处石刻为楷书，十行，每行六字。释文：

后于公六十年，是为大中五年，刺史樊川杜牧，奉贡讫事，以季春中休来□，题四七字：岩□□□万木中，野花特地一枝红。拟攀丛棘□寥寂，晚□清香感细风。

搜检文献，结合原刻并拓本对此刻石进行释读，这可能是到目前为止，较以往文献释得文字最多的一次。《两

长兴顾渚山唐杜牧题刻

浙金石志》只释读了杜牧署名部分，大约十五字，其后题诗也只释读十二字。注解处异常简略，却提示了一个重要信息：杜牧于大中五年（851），在浙江临安的玲珑山有石刻题名。笔者未曾见过，直到今天，这处题刻也未被重新发现，期待有心人再做寻访。

　　细观长兴此处摩崖，肉眼细观，只能从第二行开始，识别出"大中五年……史樊川杜牧奉贡……季春"等数字。此处题名除了阮元《两浙金石志》的著录，清代湖州先贤金石学家陆心源所著的《吴兴金石记》也有记载。这是长兴唐代摩崖中时间最晚的一方题刻。杜牧也是因奉诏督办贡茶而与长兴结缘。我的脑海中，瞬间呈现出这样的画面：远上寒山石径斜，白云生处有人家。停车坐爱枫林晚，霜叶红于二月花。虽然不知道杜氏的《山行》一诗，具体描写的是哪一处山景，但顾渚山的风景之胜，与此诗所描绘的意境极为吻合：山间小径，烟云环绕，竹影摇曳，不知何处。杜牧的题名绝对是目前所有长兴唐代摩崖中最夺目的一处。无论是杜牧那些传世的名篇，还是他精彩的人生，寻访他的踪迹，都是我们访古凭吊的方式。据

长兴再访杜牧题刻

记载，杜牧出任湖州刺史仅一年，却给长兴留下了四首以"茶山"为题的诗文，最知名者是这首《题茶山》：

> 山实东吴秀，茶称瑞草魁。剖符虽俗吏，修贡亦仙才。
> 溪尽停蛮棹，旗张卓翠苔。柳村穿窈窕，松涧渡喧豗。
> 等级云峰峻，宽平洞府开。拂天闻笑语，特地见楼台。
> 泉嫩黄金涌，牙香紫璧裁。拜章期沃日，轻骑疾奔雷。
> 舞袖岚侵涧，歌声谷答回。磬音藏叶鸟，雪艳照潭梅。
> 好是全家到，兼为奉诏来。树阴香作帐，花径落成堆。
> 景物残三月，登临怆一杯。重游难自克，俯首入尘埃。

顾渚山的这处摩崖石刻里所写的诗，弥足珍贵。这是浩浩唐诗中，非常宝贵的篇章。唐诗是中华文明的情怀，也是江南的文脉所系。摩崖石刻更是信史的组成部分，是历史存在的明证。发掘和研究这些题刻，实际上是在印证历史。当然，其中也会有伪刻陷阱，要区分研究。文物的鉴定也好，文化的研究也罢，都是一个很复杂的过程。

在顾渚山的另一面，有一处叫悬臼岕霸王潭的地方。民间传说，西楚霸王项羽曾经来过这里，为了纪念这段传说，当地将此地命名为霸王。霸王潭杨汉公的题名，刻于唐文宗开成四年（839），《两浙金石志》定名为"唐杨汉公等题名"。楷书，十一行，每行字数不等，左行（题刻文字由左向右释读，古称左行。自有题刻开始，文字的刊刻有不确定性，正文由左向右或由右向左释读都有，并

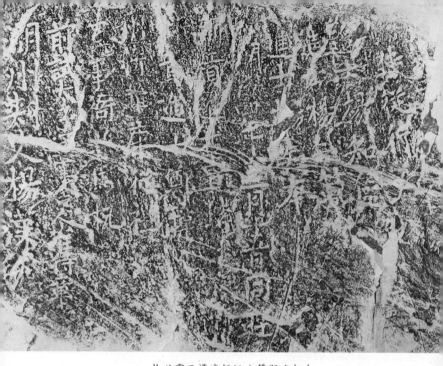

长兴霸王潭唐杨汉公等题名拓本

不一定如书籍刊刻之例）。释文：

湖州刺史杨汉公，前试太子通事舍人崔待章，军事衙推马枕，州衙推康从礼，乡贡进士郑璋，乡贡进士曹璘，开成四年三月十五日同游。进士杨知本，进士杨知范，进士杨知俭，侍从行。

此次探访原刻并据拓本勘定释文。《两浙金石志》释文误"崔待章"为"崔行章"，误"曹璘"为"贾□"，"郑璋"之"璋"和"三月"之"三"皆未释出。

杨汉公，唐史中并没有独立传记，《新唐书》将他附载于他的哥哥、唐代名臣杨虞卿传记之后。《新唐书·列传第一百》：

> 汉公，字用义。始辟兴元李绛幕府，绛死，不
> 与其祸。迁累户部郎中、史馆修撰，转司封郎中。
> 坐虞卿，下除舒州刺史，徙湖、亳、苏三州。擢桂管、
> 浙东观察使。由户部侍郎拜荆南节度使，召为工部
> 尚书。或劾汉公治荆南有贪赃，降秘书监。稍迁国
> 子祭酒。宣宗擢为同州刺史。于是，给事中郑裔绰、
> 郑公舆共奏汉公冒猥无廉概，不可处近辅，三还制
> 书。帝它日凡门下论执驳正未尝却。汉公素结左右，
> 有奥助。至是，帝惑不从，制卒行。……汉公自同
> 州更宣武、天平两节度使，卒。

由地方志可以看出，杨汉公是唐文宗开成、唐武宗会
昌时期的湖州刺史，职责与历任湖州刺史一样——负责皇
家贡茶院的事。《两浙金石志》注中记载，此处题名径僻
路险，人迹罕至，至清代嘉庆年间（1796—1820），才被
钱唐金石学家访得。又云：开成三年（838），刺史杨汉公
表奏乞宽限，诏从之。这说明当时杨汉公也是一位体恤民
情的好官。杨汉公还有诗传世，其中《明月楼》一首，不
难看出，这位湖州刺史也颇风雅：

> 吴兴城阙水云中，画舫青帘处处通。
> 溪上玉楼楼上月，清光合作水晶宫。

2018 年初春，初访此摩崖题刻，正好遇到小雨夹杂着
微雪，山中翠竹玲珑，溪泉泠泠，随王冬亮、丁筱伉俪与

众好友访古山中，于溪水崖侧，以淡墨擦得一纸唐杨公题名，不亦快哉。从拓本上能看出杨刺史写得一手颜鲁公书风，其中"湖州刺史""杨汉公""太子舍人"诸字，虽不清楚，却有种亦幻亦真的朦胧感，真与古人一会了。

杨汉公的摩崖题名，还有另一大功能：它给一件极为重要的古代书画，提供了特别重要的鉴定辅助。中国古代书画有很多传世的经典作品，高古的和署名大名家的大部分名作，是伪作、摹本还是真迹，对原件的鉴定是关键，证明它的创作时代，是极为重要的一点。鉴定过程中，很重要的一种手法，就是以客观存在的可信的其他作品来与其相互印证。第一次见到杨汉公的墨迹，是在著名的国宝级传世法书名作《曹娥诔辞》上。《曹娥诔辞》，绢本，是中国古代书法的代表性墨迹之一，现收藏于辽宁省博物馆。唐宋八大家之一的大文豪韩愈唯一留下的墨迹，也书于这件名作上。《曹娥诔辞》是一篇祭祷文章，相传是王羲之写在一块绢上的。目前，学界大都认为这件国宝法书是唐宋人摹写的本子，理由是本幅上面有很多唐宋时期著名人物的题跋手迹，比如韩愈、柳宗元的弟弟柳宗直、杨汉公、大书法家怀素等等。很多鉴定家和学者都吃不准这些题跋的真伪，对此作的年代也难有定性，有人说这件作品系伪造，还有老专家认为这件作品可能制作于宋代。毕竟，除了怀素的作品，谁也没见过作品上其他唐人的书法真迹。

2018 年我初次见到杨汉公这方题名时就兴奋不已，

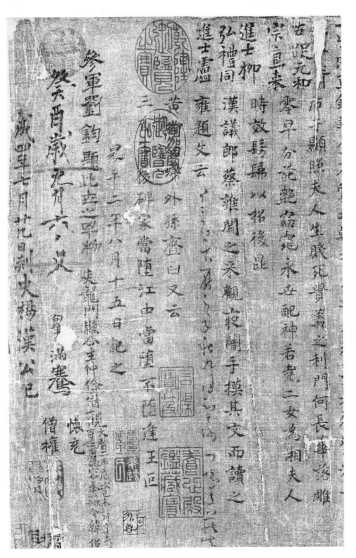

一　长兴：与杜牧的那一场约

《曹娥诔辞》杨汉公、怀素等题跋

因为，此前只在古籍上读到过杨汉公题名石刻著录，并没有见过笔迹或石刻原物。通过对原刻和拓本的仔细观察，长兴杨汉公的石刻题名落款，与墨迹本上的签名比对，笔法和结字都完全吻合，基本可以肯定，辽博馆藏《曹娥诔辞》墨迹上的杨汉公题款是可信的手迹，如此《曹娥诔辞》的创作年代下限不会晚于唐代。

当然，还需要更有力的证据，以确保这个孤证不被推翻。巧的是，就在同一年，《曹娥诔辞》的墨迹本上，另一个人柳宗直的题跋，也被找到了相应的石刻证据。柳宗直的题名刻石在广西被发现，楷书用笔也与墨迹签名相一致。也就是说，这件墨迹本上同时代的韩愈、柳宗直、杨汉公、怀素等人的观款墨迹应该都是真迹，力证这件作品的书写年代至少不晚于唐。至于是不是王羲之亲笔，谁也不敢确定。毕竟，我们现在所见的墨迹作品，没有一件可以确定是王羲之的亲笔。证明《曹娥诔辞》是唐物，已经是难能可贵。

这处唐代摩崖石刻为墨迹鉴定提供了巨大的佐证功能，也给鉴定学科提供了有效的样本比对，同时也对"唐诗之路"上的摩崖起到了另一种升华作用。该摩崖存在的重要意义已不仅限于景观了。当地政府和文物部门在保护文物原刻不受破坏的前提下，也希望能让更多人欣赏到这些古代石刻名作，所以他们利用翻模制作了几件石刻题名的复制品，放置在贡茶院周围，供游人摩挲亲近。

杨汉公的这处摩崖原刻就在水边的崖面上，离水面很

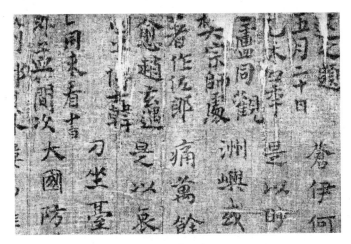

《曹娥诔辞》韩愈题跋

近，雨季水量大的时候，有可能被水流漫过，因此，该处摩崖的观赏效果是有季节性的。笔者发现其实全国各地有好多摩崖石刻都在水库或河流边，涨水期它们就有可能隐身在水下。像这种情况，只要地理结构变化没有太大，秋天、冬天能看到摩崖，春天、夏天就看不到摩崖。

长兴摩崖题刻的第三个地方是在水口斫射岕老鸦窝。因为题刻分布在溪流边两块巨大的岩石上，当地文物保护部门就势建造了两个亭子，并用竹篱笆进行围挡，这种摩崖石刻文物的保护方式值得推荐，雨水骄阳都被遮挡，通风，不受干扰。这对于石质文物是再好不过的。

此处题记没有被收入《两浙金石志》中，也未见地方

长兴老鸦窝唐裴汶、李词、张文规等题刻现状

志书的著录收集，在过去的金石学文献中甚少被提及。然而，经过整理考据，这些石刻题名的人物，都不简单。

左侧一石题名三则，右侧两则皆为张文规所刻。

左石第一则居中正上方，唐李词等题名，楷书，三行，每行字不等，释文：

五公潭，侍御史王□澹，湖州刺史李词。

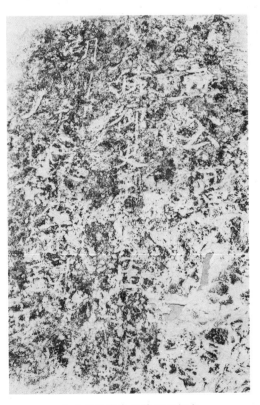

长兴老鸦窝李词等题名拓本

实际上这是一处命名题刻。此处水深不及腰，称潭未免有点夸张，但不知唐时此处水深成潭否。当然，柳宗元还有《小石潭记》，一时风雅之举而已。题刻中的王氏，因为中间字漶损欠缺，无法考证。后者李词，在唐代却是一位不同凡响的人物。李词为李模之子，唐宗室。德宗贞元八年（792），官寿安令。十四年（798），自万年令出守湖州，迁光禄少卿。宪宗元和二年（807），自商州刺史出为黔中观察使，入为宗正卿，迁太子宾客、散骑常侍。湖州地方文献《湖州刺史厅题壁记》，为同时代的文人顾况所撰，中有"今使君词，唐景皇帝七代之孙"句，"使君"就是当地地方长官的意思，"词"即李词。该记成于唐德宗贞元十五年（799）十二月，据郁贤皓先生《唐刺史考全编》，李词于798—801年出任湖州刺史，此时正好在任上。依据南宋方志《嘉泰吴兴志》卷十二《古迹》记载，李词任湖州刺史时置贡茶院：贡茶院，在西四十五里，唐贞元十七年（801）刺史李词置，以吉祥院东廊为院。

第二则题刻在同一块岩石李词等题名的下方，为唐裴汶等题名。楷书，四行，左行，每行字不等。释文：

湖州刺史裴汶，河东薛迅，河东裴质方，元和八年二月廿三日同游。

关于裴汶，能找到的史料很少，约唐宪宗元和年间（806—820）人，元和六年至八年（811—813）出任湖州刺

长兴老鸦窝唐裴汶等题名

史，并督管贡茶院。裴汶有著作传世，名曰"茶述"。裴
氏于茶有深厚造诣，有些地方在供奉茶圣陆羽的同时，还
将裴汶与卢仝同为配享，足可证裴氏在茶界影响之深远。

薛迅为河东望族，史书虽无传略，但其有墓志铭存世，出土于薛氏家族墓地，唐人杜密撰于贞元十七年（801）。薛氏一脉为河东文学世家，薛迅本人未曾有显赫的仕途经历，早期曾出任过"许昌尉"一类的地方官吏。墓志铭显示他有两个儿子。

裴质方在当时以书法名世，通过文献中零星的著录，我们可以大概知道他的官职、履历和头衔：知盐铁转运使、秘书监郎、上柱国。他与唐代重臣李德裕有过合作——李德裕所作的诗，由裴氏书写完成，并刻碑传世。《茅山志》中就有李德裕诗《溪荪》等四首，下有注云："右四诗石刻，会昌癸亥年暮春十八日，秘书郎上柱国裴质方书。"《至大金陵新志》载，李德裕赠茅山孙尊师诗，裴质方书于玉晨观。未知两者有何关联。有一点可以肯定，李德裕这样的重臣所做的诗文，由裴氏书写，可见其书艺高超。

近年因长兴文物部门制作拓片资料，于左大石上又有新发现。此刻位于裴汶题名的右侧，为唐大中五年（851）杜昕等题名。楷书，五行，每行字不等，左行。释文：

> 京兆杜昕，（武）（陵）□（微），顺阳范涯，大
> 中五年三月十日同游。

此则题刻摩崖因风化剥泐严重，极难辨认，所释出的人物，也未见文献可考，笔者留待日后再考。

溪流同侧的右侧巨石上留有唐张文规两则题刻。上

长兴老鸦窝唐大中五年题名拓本

为石刻题诗，下为题名。题名楷书，三行，行字不等，左行。释文：

　　河东张文规。癸亥年三月四日。

　　此处的"癸亥"，当为唐武宗会昌三年（843）。史载，张氏出任湖州刺史在武宗会昌年间（841—846）。该石刻题名，书法风格颇优雅，用笔飘逸，结字端正清隽，有李北海、柳诚悬之风。

　　张文规，《新唐书》有载，唐河东猗氏（今山西临猗）人。《中国历代人名大辞典》载：

　　张弘靖子。裴度秉政时，引为右补阙。文宗大和

长兴老鸦窝唐张文规题名

四年，出为温县令，旋入度襄阳幕府。累转吏部员外郎。开成三年，被劾出为安州刺史。武宗会昌元年，改湖州刺史。三年，入为国子司业。累迁右散骑常侍。宣宗大中间，官至桂管观察使。工书法，少耽墨妙，备尽楷模。

张文规不但擅长书法，于诗也颇称善，《全唐诗》便收录其两首诗，其中《吴兴三绝》颇有趣：

萍洲须觉池沼俗，苎布直胜罗纨轻。

清风楼下草初出，明月峡中茶始生。

吴兴三绝不可舍，劝子强为吴会行。

回到这块刻石，张氏题名上部即是张文规的诗作刻石，名曰"题五公泉"，楷书，八行，行字不等。释文：

题五公泉，湖州刺史张文规。一雉叫烟草，千岩皆茗丛。仙归云鹤远，余至岩石空。酾酒水声里，寄

长兴老鸦窝唐张文规题诗摩崖

长兴老鸦窝唐张文规题诗摩崖拓本

怀山翠中。（时）余迫符竹，浩叹今无穷。默默出山去，
斜阳松桂风。癸亥岁季春十一日偶。

　　释文"时"字因原刻磨泐，当再细辨。此处称"泉"而
不是"潭"，似乎看起来更贴切些。这是一首五律，也是
张文规的佚诗，该诗的发现，又为"唐诗之路"添上了浓
重的一笔。张文规的家族河东张氏是唐代有名的世家望
族，当时的皇家典籍，但凡需要重要的评判标准，几乎都
由这个家族来进行整理和筛选。张文规有一子，名张彦远，
是著名美术史家，他写过一部很有名的书，叫"历代名画
记"，这几乎是唐代之前的古代绘画文献集大成者。他构
筑了唐和唐以前的书画史，是一位开创式的人物。

二 德清：听水——太守的风雅

德清武康镇是浙北的地理要冲，三国时就已立县，属吴郡管辖，后经多次区域归属更迭变迁，于20世纪并入德清县，成为德清下辖的一个街道区域。

在武康城西村花石开自然村下龙潭引水渠南侧的一处崖壁上，刻有一处唐代摩崖题记，共两则，皆是楷书，左行。石刻通高1.7米，宽度1.4米，分左、右两部分。左侧七行，行字不等，释文：

> 湖州刺史京兆于頔，监察御史河东薛公允，前右卫胄曹吴兴沈必复，处士弘农杨系、富春孙革、天水赵匡时、河南于錾，县令张瑞，尉包举。贞元十年二月五日题。

地方文献将"张"字释为"明"字，据石刻字迹观察，

德清武康下龙潭唐贞元题刻

恐不确，当是张瑞。

右侧，三行，共十三字，字大于掌，释文：

玉石响。贞元十六年二月六日改此名。

此处部分字迹剥泐漫漶甚多，据清同治《湖州府志》
及道光《武康县志》记载应为"贞元十六年"。

据方志记载，当地水石相激，泠泠作声，又有断崖飞

德清武康下龙潭唐贞元题刻环境

瀑，为听水佳盛之地。此崖石生于水畔，崖壁上有唐人贞元年间（785—805）石刻题名两则。第一则题名为唐德宗贞元十年（794），与先前寻访过的顾渚山明月峡石刻题名相近。这次游春旅行并留下题刻的主角，前文有过详细介绍——湖州刺史京兆于頔。弘农杨系，生卒年、籍贯皆不详，代宗大历十二年（777）登进士第，事迹见《登科记考》卷十一。杨系是一位诗人，《全唐诗》只收录了他《小苑春望宫池柳色》一首诗：

> 胜游从小苑，宫柳望春晴。拂地青丝嫩，萦风绿带轻。
>
> 光含烟色远，影透水文清。玉笛吟何得，金闺画岂成。
>
> 皇风吹欲断，圣日映逾明。愿驻高枝上，还同出谷莺。

富春孙革，唐宪宗时期曾担任过监察御史，也是一位诗人。《全唐诗》亦只收录了他一首诗，录于第四百七十三卷，诗名"访羊尊师"：

> 松下问童子，言师采药去。只在此山中，云深不知处。

《全唐诗》五百七十四卷再次出现此诗，归于贾岛名下，名为"寻隐者不遇"。此诗作者底系何人，恐怕是个不可解的谜团。

包举虽然生平难寻，但游踪宽广，在后面的雁荡山唐代石刻中，还能见到他的身影。

薛公允、沈必复、赵匡时、于鉴，还有那位名为张瑞的县令，茫茫长河，无处寻迹，只能待来日再考。

在这一长串题名的右侧崖面，是时隔六年，给这一处胜景定名的题刻。虽然没有署名，但按常理，应该是同一群人所为，或是其中的某些人、某位所刻也未可知。在摩崖石刻里，题名和题记是两个概念：题名是只镌刻署名，不写别的内容；而题记则是除了署名之外，也将行动过程和相对应的事件做一些描述。所以这两则应该都被归为题记，不算题名。

右侧的"玉石响"题刻，实际上是定名的行为。"贞元十六年二月六日改此名"，距于頔第一次来过后六年，有人将此处的名字改成"玉石响"。所以古人定名并不固定，随着时间和人物的变化，都会发生变化。当然，因为它没有名款，我们不能说它一定是谁的手笔。乾隆《武康县志》记载：响应山，县西八里，高三十丈，围一里，谷响特异，故名。一名大响岩，腰半凿"甘霖响应"（为宋代武康邑令毛滂所题）四字。前有小泓，名小响岩。山下有龙湫，旧名玉石响，唐贞元中刺史于頔改名碧玉潭。这里有两个理解：其一，于頔将"玉石响"改成"碧玉潭"，六年后，又被人改回"玉石响"。其二，乾隆县志误记。

德清还有一处唐代石刻遗迹，非常值得一访。它就是位于德清市新市镇士林乡公园的永宁寺唐代经幢。新市镇被誉为江南七大古镇之一，与南浔、乌镇等古镇一样，地理位置优越，风景绝佳，物产丰饶，又是水陆枢纽。

永宁寺经幢一直是低调的存在。关于它的记录甚少，据《浙江文物简志》记载："建于唐咸通十年（869），原在士林乡白彪村永宁寺前，'文化大革命'期间经幢的顶、座俱毁，现存仅八面体的幢身，刻有花纹和行楷书'佛顶尊胜陀罗尼经……'字迹清晰可辨，具有文物价值，今移

德清永宁寺唐代经幢

至士林乡公园内保存。"现在士林乡公园里露天保存的幢
体,就是这件大唐遗迹。据现存的残构来看,该幢有顶有
座,应是一件重新拼合组装的"混搭"作品。幢体尚保留
有束腰、叠涩等构建部位。束腰呈八面,每面开龛,其中

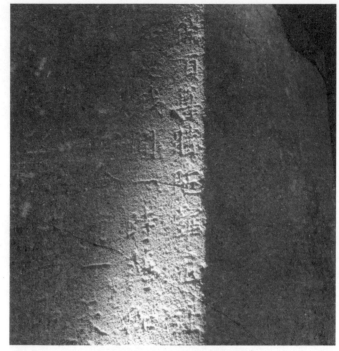

德清永宁寺唐代经幢经文局部

镌刻佛造像，应是别处易配之物。幢顶构件遗失较多，仅剩华盖和短柱。短柱为六面，每面浮雕佛像。华盖雕饰流苏，风化严重，但形态古朴。幢底座为覆莲式造型，保存完好。幢身为六边形，刻《尊胜陀罗尼经》全文，楷书，每面八行，行五十二字，字径约2厘米，正文末端有款识，书刻"咸通十年"及功德主"里人施建章、女弟子沈八娘"等姓名。

　　经幢由幢演化而来。幢原是古代仪仗中的旌幡，将丝织物缠绕在竹竿上制成，起引导作用，又称幢幡。佛教传入中国之后，尤其是唐代佛教密宗的传入，流行将佛经或佛像书写或绘在丝织的幢幡上，为保持经久不毁，后来改书写为石刻，并镌刻于石柱间，刊刻的内容主要为《佛顶尊胜陀罗尼经》，因此称之为经幢。经幢一般由幢顶、幢身和基座三部分组成，幢身周刻佛教密宗的咒文或经文、佛像等，多呈六角或八角形。目前可见的经幢始于唐，兴盛于晚唐五代，两宋时最多，一般安置在寺院山门、大殿等大道通衢之所。

三 海宁：香烟缭绕的大唐

海宁是浙江境内拥有最多唐代经幢之处，一共有五座，占到浙江省唐代经幢总数的一半多。在海宁市区的惠力寺门口，耸立着一对唐代咸通年间（860—874）的经幢，东西向并排立于寺前，均为石构，建于唐咸通十五年（874），濒临河道。幢题通高约5米，八角形幢身。自下而上依次为须弥座、幢身、华盖、连珠、盘石以及连珠与荷花宝顶。束腰处饰有浮雕盘龙，刻工精美、遒劲。幢身通刻《佛顶尊胜陀罗尼经》全文，可惜剥泐太甚，文字所剩无几。宝顶仰莲下雕刻有飞天图像，造型优美，线条流畅、细腻，具有盛唐遗风。东幢刻有唐咸通十五年（874）造幢记。咸通为唐懿宗年号，懿宗在位十四年，咸通十五年，当为唐僖宗乾符元年，此处年号尚未改动，可为江南年号变动晚于中原做一旁证。

现将《两浙金石志》卷三所收录的唐惠力寺经幢两则

文字附录于下，聊备查阅。

　　唐惠力寺经幢。佛顶尊胜陀罗尼经序（文不录）。佛顶尊胜陀罗尼经（文不录）。唐咸通十五年岁次甲子五月戊子朔二十八日乙卯，清信佛弟子方□及弟子□等，奉为先考妣张、顾二夫人敬造宝幢一只，福资冥泰，见存居眷，永保平安。勾当僧义觉，□□僧元迪□□僧行居，□□□□□□，河间俞宗厚书，陆传□镌，方直□□□□。

原书注：

　　右幢在海宁州硖石镇西山惠力寺东首。石高三尺六寸，八面，周广五尺六寸。每面正书九行，字径五分。此与后一幢同立于咸通十五年。按僖宗以咸通十四年七月即位，至明年十一月始改元乾符，故此幢犹称十五年也。俞宗厚书法古茂，极似六朝，惜《书史会要》未载其名。

　　唐惠力寺经幢。佛顶尊胜陀罗尼经序（文不录）。佛顶尊胜陀罗尼经（文不录）。唐咸通十五年岁次甲午五月戊子朔二十八日乙卯，奉为（下泐）□□□□同勾当僧（下泐）。

原书注：

　　右幢在海宁州硖石镇西山惠力寺西首。石高三尺六寸，八面，周广五尺六寸。每面正书九行，字径五分。此幢建立之人及书者姓名皆泐去，玩其书法，与前幢在伯仲间，亦佳品也。

海宁的盐官古城，曾经是独立的县治所在。传说晚唐时一位皇帝，因为厌倦了滚滚红尘，落发为僧，最后魂归盐官，至今灵塔尚存。这位传说中的大唐皇帝名李忱，庙号宣宗，是一位励精图治的帝王，后世号称"小太宗"。事实上，宣宗因服食丹药，中毒而亡，死于长安大明宫。但在盐官古城中，确实有一座古老的寺庙遗址——安国寺遗址，保存有三座唐代石经幢，这或许就是传说中的唐皇灵塔的原型。这三座经幢列入第一批省级文物保护单位名录。安国寺旧址坐落于海宁市盐官镇西南方北寺巷底。安国寺在当地民间称为北寺，据方志记载，该寺始建于唐代开元（713—741）初期，北宋大中祥符年间（1008—1016）赐额为安国寺。三座石经幢原本安置于天王殿前的庭院之中，以东、西、南方位放置，三幢呈鼎立之势。现被围入独立庭院。三座石经幢的创建年代分别为唐武宗会昌二年（842）、会昌四年（844）和唐懿宗咸通六年（865）。三座经幢的题刻铭文皆被收录《两浙金石志》中。宋代的记录还有五件经幢，至清代已失去两件。剩余三件保存至今，也是幸运之极的事情。

唐会昌二年的石经幢通高达 5.8 米，幢身高 1.3 米。幢身下端雕刻有武士形象，以浮雕手法作力士扛鼎姿态，造型生动。其余佛像故事图案亦雕凿精美，刻画用心，颇具大唐遗风。经幢由十六层构件组成，自须弥座至幢

海宁唐会昌二年经幢

身、仰覆莲并顶部宝珠等通体完备。幢身饰有流云托座，雕刻形象生动。幢身八面，通刻《佛顶尊胜陀罗尼经》全文，并造幢题记、功德主姓名等。底座周身雕饰龙纹，高浮雕，孔武有力，栩栩如生。《两浙金石志》卷三对此幢亦有记载：

> 唐安国寺经幢。佛顶尊胜陀罗尼经序（文不录）。
> 佛顶尊胜陀罗尼经（文不录）。吴兴沙门令洪书。唐
> 会昌二年岁次壬戌□月廿□日（下缺）。

原书注：

> 右幢在海宁州安国寺内。石高四尺五寸，八面，
> 周广六尺。每面正书九行，字径六分，书幢者吴兴
> 沙门令洪。经文点画清晰，独年月不存一字，以精
> 拓本细审，隐隐见"唐会昌二年岁次壬戌□月廿□
> 日"等字。此因会昌五年有毁除佛寺之诏，故磨去
> 年月耳。又按湖州天宁寺会昌三年经幢亦僧令洪书，
> 可据以相证。

可见经幢在唐代"会昌法难"中，经历过磨毁。

第二件是唐会昌四年（844）凿制的石经幢。幢体通高6.2米，与会昌二年（842）的一样，由十六层构件组成。佛像雕刻精美，开脸庄严，力士天王威仪十足。幢身八面通刻《佛顶尊胜陀罗尼经》并功德主、建幢年款等文字。经幢须弥座雕饰盘龙，与会昌二年（842）幢同样精彩。幢盖诸构件皆雕饰人物、云纹、花卉等造型，雕刻手法高超。清阮元《两浙金石志》卷三对此幢有如下记录：

> 唐安国寺经幢。佛顶尊胜陀罗尼经序（文不录）。
> 佛顶尊胜陀罗尼经（文不录）。唐会昌四年四月十五

海宁唐会昌四年经幢

海宁唐咸通六年经幢

日弟子（下缺）。

原书注：

> 右幢在海宁州安国寺内东首。石高四尺二寸，八面，周广五尺三寸六分，每面行书九行，字径五分。按《咸淳临安志》，盐官县安国禅寺藏殿后，有唐会昌石经幢二，寺门东有咸通石幢一，在殿下者二，无岁月，字画类唐人。宋时寺有五幢，今存其三，此幢剥蚀已甚，仅辨年月，其建立姓氏皆无考。

位于南侧的"咸通六年建"幢是三者中体量最高的，通高约7米，八角形制，由底座起至顶端，共分十九个层次，也是三座经幢里修饰最为华美的一座。经幢幢座周身雕饰"九山八海"样式，幢下部为两层重叠须弥座，束腰高浮雕游龙造型，幢身下部承以仰莲，造型肥厚温润，幢身下座周围均雕饰仿木结构的斗拱、勾栏等等，出檐深远，逼真地表现了唐代当时木制建筑的显著特点。

该幢见收于《两浙金石志》卷三：

> 唐安国寺经幢。佛顶尊胜陀罗尼经序（文不录），佛顶尊胜陀罗尼经（文不录）。建造慕缘功德主钟干、韩公允、徐儒、闻人珠、范庆，右金吾押衙韩词舍一千一百文镌经咒上此幢。维咸通六年岁次乙酉四月辛亥朔廿九日己卯建立此幢，永充供养。都维那僧宣礼寺主僧元著，上座僧清会，直岁僧冲曜，都料周监、许从方，直匠刘瑶、周瑛刻字并书。

海宁唐咸通六年幢经文局部

原书注：

　　右幢在海宁州安国寺门内。石高四尺五寸，八面，周广六尺八寸。每面正书十行，字径八分。周大令（春）《海宁州碑考》云，瑛书出入颜平原、徐东海之间，颇得苏冑曹笔意。其书"募"作"慕"，后《魏·释老志》"慕建宫宇"亦从"心"，则从"力"乃俗字。（元）按《说文》：慕，习也，从心，莫声。募，广求也，从力，莫声。"募"非俗字，但通用作"慕"，其来已久。故汉《灵台碑》"共慕市碑"亦作从"心"之字。又《苍颉篇》"募问求也"（见《众经音义》），《广雅释诂》"募求也"，皆可证《说文》"募"字之古。

这几件经幢中，唯独这件咸通经幢的书法得到了阮元的大力称赞。作者周瑛书法出自颜真卿、徐浩门下，又得苏灵芝的笔意，可谓此中高手。同时，阮元还就幢中"慕"字做了一番考证，足见古人治学之细之勤。

三

海宁：香烟缭绕的大唐

四 桐庐：富春远帆

桐庐坐落于富春江边，境内的桐君山，恰好处在富春江、天目溪的汇合处，兀立江边，与桐庐县城隔水遥望。民间有"小金山""浮玉山"之称。它还有个特殊的身份——药祖圣地，源于此山供奉的主神是中药鼻祖"桐君"。桐庐县也因此得名。

唐代大诗人白居易有一首《宿桐庐馆同崔存度醉后作》："江海漂漂共旅游，一尊相劝散穷愁。夜深醒后愁还在，雨滴梧桐山馆秋。"道尽了旅人的清愁。

桐君山山势险峻，山下两水交汇，突显峰势高耸，水流平缓，江面澄碧，周围茂林修竹，青葱郁郁，水波涟漪，清新阔达，为富春江上之名胜。桐君山背，有深谷悠远，有远山相连不断；中有平野铺展，一望无垠；其下大江翻涌，水浪连天，美不胜收。桐君山可登高一望，富春烟雨尽收眼底。梁启超曾称之为"峨眉一角"，康有为则誉之为"峨眉诸峰不及此奇"。桐君山的悬崖峭壁上，留有历代摩崖石刻数十处，年代可远溯至唐朝。桐君山的摩崖题刻，绝大部分在临江的绝壁之上，可谓惊险壮观，因为离水面颇高，恐怕坐船仰观也未必看得真切。据说沿着绝壁的小路探身下行，即使侧身，大概也只能看得到一点点字迹，难窥全貌，且非常危险。

桐君山的唐代摩崖石刻一共有三处，因为原刻所在的位置非常险要，因此，到目前为止也没有清晰的石刻照片发表。当然，传世有拓片，甚至连清代的老拓片都有流传。这些都为后世一睹它的风采，或是研究题刻内容提供了极大的便利。拓片显示出唐代非常隽美的篆书和雍容大气的楷书风姿。第一则刻于唐代宗大历八年（773），由当时的殿中侍御史崔颀领衔题名，后有署书人落款"崔浚篆书"。这是浙江地区极难得的有明确书家名款的唐代篆书石刻作品。正文篆书，款楷书，六行，释文：

> 殿中侍御史崔颀，桐庐县令独孤勉，尉李税，前尉崔泌、崔浚、崔澈、崔沅。大历八年九月廿二日记。崔浚篆。

古代文人有"勒之金石以为不朽"的情结，希望天地间永远都能记得"我"的存在，用现在流行的话来讲就是"我来过"。崔浚应该是当时专擅篆书的书家。那个年代，楷书法则成熟，名书家如过江之鲫，能在书法界有一席

四
桐庐：富春远帆

桐庐桐君山唐崔颋题名

之地，难能可贵。

第二条摩崖题名亦刻于唐代宗大历八年（773）。两条楷书并写在一处，看起来如同一则题记。而实际是，右起的两行，是北宋治平年间（1064—1067）的；左侧的五行，

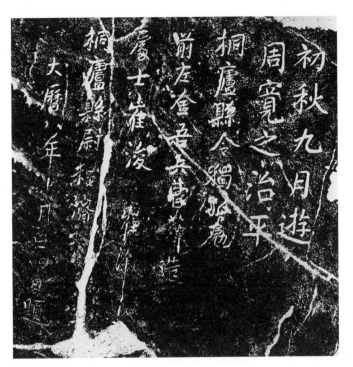

桐庐桐君山唐独孤勉等题刻拓本

才是唐代的摩崖题名。该题名为楷书，五行，释文：

> 桐庐县令独孤勉，前左金吾兵曹薛造，处士崔浚、
> 崔溆，桐庐县尉程济□，大历八年十月廿四日题。

处士，古时候用来称谓有德才而隐居不愿做官的人，后亦泛指未做过官的士人。《史记·殷本纪》：

> 或曰，伊尹处士，汤使人聘迎之，五反然后肯往从汤，言素王及九主之事。汤举任以国政。

最后一则是唐德宗贞元十六年（800）县令刘文会的题名。楷书，五行，释文：

县令刘文会，主簿李青霞，进士张季昌，贞元十六年七月二日。

桐庐桐君山唐刘文会等题刻拓本

这则距离相对远一点，规规矩矩的。这是唐代的桐庐县令在富春江岸上留下的遗迹，是"唐诗之路"起端留给我们的痕迹。

五 淳安：采铜之坚

　　淳安是钱塘江的源头之地，也是浙江的水源地。因为已经接近浙江的西部地区，淳安曾经是金华的属地，后来被并入杭州地区。这也是唐代的交通要冲。诗仙李白有诗送给走过这条水路的好友。《见京兆韦参军量移东阳》（其二）：

　　闻说金华渡，东连五百滩。全胜若耶好，莫道此行难。

　　猿啸千溪合，松风五月寒。他年一携手，摇艇入新安。

　　在石刻"唐诗之路"上，拥有与官方公事相关的一个很重要的摩刻——淳安洪洞山唐代采铜摩崖石刻。石刻崖面不高，总体大概也就五六十厘米。楷书，四行，释文：

　　大唐天宝八年，开山地取铜，至乾元年七月，又至大历十年十二月再采，续至元和四（年）。

　　它记录了从唐代天宝到元和年间（742—820）的采铜

淳安洪洞山唐采铜题刻

记录。虽然只是工匠留下来的几行简单题记，却也为我们提供了一次与唐人"面对面"接触的机会。此题刻虽然是工匠所为，书法却非常优雅，结字用笔相当专业，有颜柳风骨，足可见大唐盛世文化之繁荣。

杭州：天竺飞来的宿缘

杭州是浙江的心脏，在唐代名扬天下，彼时诗人云集，传世名篇如潮，唐人石刻遗迹自然也不在少数。罗列如下：一者，飞来峰上五处；二者，市中心唐开成经幢一处；三者，吴山青衣洞一处；四者，钱塘江南岸，双浦定山风水洞一处七则唐人题名。

飞来峰的五处唐代摩崖石刻分布在四个不同位置。

最早的一处在山背，系唐玄宗天宝六年（747）源少良等题名。很可惜，该题刻被后世人以榜题覆刻，因此，可辨者仅数字而已。阮元《两浙金石志》卷二有关于此题名的记载：

监察御史源少良、陕县尉阳陵、此郡太守张守信，天宝六载正月廿三日同游。

原书注：

右题名在下天竺。摩崖文五行，正书，径寸。按源少良，新旧《唐书》皆无传，惟《唐书·宰相表》有之。《元和姓纂》，少良为国子祭酒，匡赞之子，又为司勋员外郎。御史台精舍碑阴二见其名。《北魏书·源贺传》，太武帝谓秃发僧傉檀之子贺曰，与卿同源，可为源氏。源之得姓始此。阳陵，官县尉，行事无考。《唐书》有阳惠元、阳城，当是其族也。张守信官余杭郡守，史传皆失载，《咸淳临安志》亦遗之。惟《太平广记·谬误门》引《纪闻》云，唐张守信，为余杭太守，据此可与题名补入志乘也。唐天宝元年，改诸州为郡，改刺史为太守，改杭州为余杭郡，而《地理志》于江南东道十九郡更名者，仅录常、睦、处、福四郡，其余皆从略未书。宋周文璞《游天竺诗》"静看唐人

杭州飞来峰唐源少良、宋张文昌等题名摩崖

杭州飞来峰唐源少良等题名拓本

刻，相连坐石阴"，又，"寻得数行天宝字，破他一夜草堂眠"，皆指是迹云。

阮元已然把史书翻遍，考证了这些唐人的行迹和生平。这处唐刻摩崖大约于元代被毁，所以，推测阮元曾拥有或者看到过至少是元代以前的古老拓本，也有可能是找到了此前的文本记录，使我们得以看到完整的题记释文。《唐才子传》记载，源少良为开元十一年（723）癸亥科状元，颇具文采，与那位写下"白云千载空悠悠"的大诗人崔颢为同年。可惜，源氏并无名篇传世。

第二处在山脚，唐顺宗永贞元年（805）王澹题名。

杭州飞来峰唐王澹、崔琪题名原刻

杭州飞来峰唐王澹、崔琪题名拓本

此处题名年款俱全。永贞年号只用了一年，第二年就换成了唐宪宗的元和年号。唐代王澹题刻的书法，还保有颜真卿的结字风格，结字紧凑，敦厚古朴。前部列的全部是官衔，最后署名，前者为王澹，后者为崔珙，都是永贞元年（805）的官员。这一则题名收录于《两浙金石志》卷二：

> 唐王澹等题名。节度判官侍御史内供奉赐绯鱼袋王澹，右骁卫兵曹参军崔珙，永贞元年冬季。

原书注：

> 右题名在下天竺。摩崖文七行，左行，正书，字径二寸。乾隆庚子间为某太守所毁，此从赵氏旧拓本补录。

这段记录在 2019 年的夏天被颠覆了。此处唐刻并未被毁掉，而是被淹没在青苔野藤之中。阮元依据幕僚赵魏的拓本录入，并未亲访实地，因此，此条应当是根据收藏的拓本与耳闻著录的。近三百年后，宝刻重新被发现，足见亲访的重要。这种情况，在浙江天台山的琼台绝壁又重演了一次，后文会讲到。

崔珙，唐代宰相、名臣，新旧《唐书》皆有传。崔氏家族也显赫一时。《旧唐书·崔珙传》是这么记录的：

> 崔珙，博陵安平人。祖懿。父颋……颋有子八人，皆至达官，时人比汉之荀氏，号曰"八龙"……（珙）性威重，尤精吏术。太和初，累官泗州刺史，入为太

府卿。七年正月，拜广州刺史、岭南节度使。延英中谢，帝问以抚理南海之宜。珙奏对明辩，帝深嘉之……会昌初，李德裕用事，与珙亲厚，累迁户部侍郎，充诸道盐铁转运等使。寻以本官同中书门下平章事，累兼刑部尚书、门下侍郎，进阶银青光禄大夫，兼尚书左仆射。素与崔铉不叶，及李让夷引铉辅政，代珙领使务，乃掎摭珙领使日妄破宋滑院盐铁钱九十万贯文，又言珙尝保护刘从谏，坐贬澧州刺史，再贬恩州司马。宣宗即位，以赦召还，为太子宾客，出为凤翔节度使……子涓，大中四年进士擢第……崔氏咸通、乾符间，昆仲子弟纡组拖绅，历台阁、钱藩岳者二十余人。大中以来盛族，时推甲等。

王澹与崔珙相比，平凡许多，《两浙金石志》仅列举另一处文献记载他的题名而已。据地方史料显示，唐宪宗元和年间（806—820），王澹曾出任镇海（治所在润州，今江苏镇江）节度使李锜手下判官。此处题记应该就是这个时候所题。唐代诗人姚合有一首送别诗《送王澹》就是送给他的：

　　常省为官处，门前数树松。寻山屐费齿，书石笔无锋。
　　果熟猿偷乱，花繁鸟语重。今来为客去，惜取最高峰。

飞来峰上的第三件唐刻，也在山脚。唐敬宗宝历二年（826），乌重儒题名。这件石刻特别容易寻访，它位于飞来峰龙泓洞洞口的上面，一抬头就能看到，很漂亮的一手颜体字。其下有宋人、清人的大量访古题字。清代有文献记载，因有一定的距离，遥辨字口，隐约看到一个"历"字，便猜测是宋代庆历题刻，遂将其归为宋人题名。《两浙金石志》卷二载：

> 唐乌重儒题名。泉州刺史乌重儒，宝历二年六月十八日赴任过游此寺。

原书注：

> 摩崖文三行，左行，正书，径寸余。

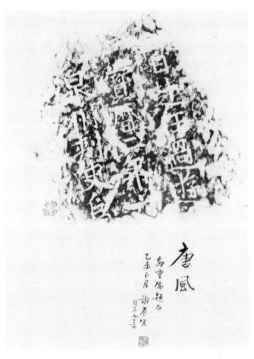

杭州飞来峰唐乌重儒题名旧拓本（谢辰生先生题跋）

乌重儒在唐史中没有传记，由此题名石刻可知乌氏曾任泉州刺史，路过此处，钟爱山林溪泉，留是摩崖。一时风雅，意与今会。

　　第四处唐代石刻，隐藏在飞来峰山腰一个小池塘内侧，是唐宪宗元和时期杭州刺史卢元辅的《游天竺寺诗》。该摩崖为楷书，大字深刻，用笔遒劲，为唐楷的常见面目，结字不失法度，又别有天趣。通篇诗句隽永，颇见中唐遗韵。卢元辅是一位非常努力、励精图治的地方官员。虽然这首诗没有被收进《全唐诗》，但是这一摩崖不失为一件非常重要的唐代诗刻。《两浙金石志》卷二著录：

　　　　唐卢元辅诗刻。《游天竺寺》，大唐杭州刺史卢元辅。水田十里学袈裟，秋殿千金俨释迦。远客偏求月桂子，老人不记石莲花。武林山价悬隋日，天竺经文隶汉家。苔壁娲皇炼来处，泓中修竹扫云霞。

原书注：

　　　　右刻在下天竺神尼塔下。磨崖文九行，右行（实为左行）。正书，径二寸。此诗《全唐诗》未载。按卢元辅于德宗时，自河南县令除杭州刺史。尝于武林山作见山亭，见《咸淳临安志》。又《胥山碑铭》：元和十年，卢元辅文，王通书。见《舆地碑目》。此疑亦元和时刻。又《陕西通志》云，卢元辅，滑州人，曾为华州刺史，郎官石柱题名有金部郎中卢元辅。白乐天有卢元辅除杭州刺史制，中云尝守商都，再领京

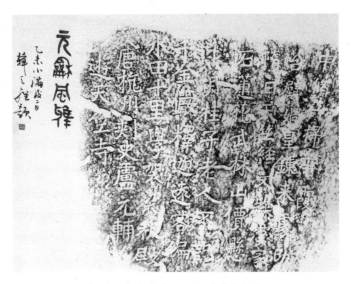

杭州飞来峰唐卢元辅题刻清代拓本

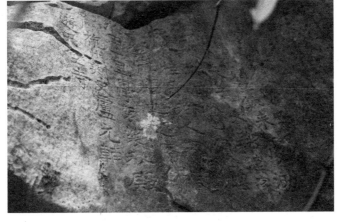

杭州飞来峰唐卢元辅石刻细节

六

杭州：天竺飞来的宿缘

县，皆其历官也。石本"湖中修竹扫云霞"，"湖"字系原刻，"修竹"二字系改凿，"大唐"二字亦添补，《西湖志》作"洞中"，盖据文理，未见石刻也。

目测该摩崖，"大唐"二字确实与正文字体刻法有明显差异。最后一行的字口与正文一致，应该没有改动过。寻此数年，终于在一夕阳斜下之时偶得，欣喜若狂。

飞来峰最后一处唐人石刻是萧悦题名。萧氏当时所任的官职是"前太常寺奉礼郎"，而唐史未见此职，记载里

杭州飞来峰唐萧悦题名拓本

他的头衔是"协律郎",即祭祀的礼乐官。协律郎和奉礼郎官阶差不多。由白居易和他交游的时间来看,这件石刻题名应该是在长庆二年（822）。《两浙金石志》卷二是这么记录的:

> 唐萧悦等题名。前太常寺奉礼郎萧悦,前太常寺奉礼郎王亘。

这件摩崖题名的书写顺序也是由左往右行进的。著录的注脚则出现一个大乌龙,阮元并没有实地勘察,以至于以为这件摩崖石刻毁于乾隆时期。引文如下:

> 右题名在下天竺。摩崖文四行,左行,正书,径寸余。乾隆庚子岁为某太守磨去另刻他文。此后赵氏书拓本补录。按《白氏长庆集》载,协律郎萧悦善书竹,举世无双。《历代名书记》亦称其工竹。白居易《游恩德寺诗》序中,有"兰陵萧悦"。则此题名当是长庆间所刻。

当这件摩崖被重新发现的时候,我们都惊讶到无语,天佑宝物,或许当时的石匠并不愿意毁掉唐人的遗迹,而是另寻他处镌刻了皇帝的墨宝。我们这么猜测,是因为,确实就在离它不到二十步距离的地方,赫然锲刻了巨大的御笔榜题。

萧悦是一位杰出的唐代画家,宋徽宗编纂的画史名著《宣和画谱》里有《萧悦传》。宋徽宗以专业艺术家的眼界,为这位唐代画家立传,足可见萧氏在专业领域中的极

杭州飞来峰唐萧悦、王亘题名原刻

高成就与声誉。他还有一位至交好友——大诗人白居易。萧氏为白氏作墨竹图，而白居易则为他写下一首著名的长律——《画竹歌》：

> 植物之中竹难写，古今虽画无似者。

萧郎下笔独逼真，丹青以来唯一人。

人画竹身肥臃肿，萧画茎瘦节节竦。

人画竹梢死羸垂，萧画枝活叶叶动。

不根而生从意生，不笋而成由笔成。

野塘水边埼岸侧，森森两丛十五茎。

婵娟不失筠粉态，萧飒尽得风烟情。

举头忽看不似画，低耳静听疑有声。

西丛七茎劲而健，省向天竺寺前石上见。

东丛八茎疏且寒，忆曾湘妃庙里雨中看。

幽姿远思少人别，与君相顾空长叹。

萧郎萧郎老可惜，手颤眼昏头雪色。

自言便是绝笔时，从今此竹尤难得。

一位艺术家在同时代就被当世名流赞美，后又被皇家奉为丹青正朔，成就斐然。他没有留下任何传世作品，却在飞来峰偏僻处留下题名，冥冥之缘，这种感觉是"唐诗之路"上非常美妙的部分。

吴山是杭州的城隍山，山腰有景观十二生肖石，沿小路往下徐行，不几步就来到为纪念阮元而建的阮公祠的背面。青衣洞泉水泠泠，至今不竭。洞口自唐代以来历代题名甚夥。唐代石刻为当时县令钱华所作，道士诸葛鉴元书写。有记载说，诸葛氏擅长八分书，也就是隶书，这处题名正是。吴山上这件唐代隶书，是唐文宗开成五年（840）的作品，书法周正整饬，用笔孔武有力，通篇雅致又不失凝重。唐代的隶书和汉代的有一脉相承的气息。这件作品比较重要的地方在于，它呈现出当时道士跟地方官员、文士之间的交游。这也是目前为止能见到的比较重要的唐代隶书原作。

据阮元《两浙金石志》卷二记载：

> 唐南岳道士邢□等题名。大唐开成五年六月十八日，□□□南岳道士邢念，钱塘县令钱华记，道士

杭州吴山青衣洞唐刻石

杭州吴山青衣洞唐开成五年题名拓本

诸 葛 鉴元书。

原书注：

右题名在钱唐县吴山青衣洞。文七行，八分书，径寸余。《癸辛杂记》云："阅古泉锑旁有开成元年南岳道士邢令闻、钱塘县令钱华题名，道士诸葛鉴元镌之。"日今拓本"开成"下确是"五"字，"邢"下只一字似"全"字，诸葛鉴元乃书石之人，并非镌石者。《书史会要》载"诸葛鉴元善八分书"，想亦据此刻也。

现存最早记录此题名的应为南宋陆游《渭南文集·放翁逸稿》上卷中的《阅古泉记》："游按泉之壁，有唐开成五年道士诸葛鉴元八分书题名。"经对原刻及拓片的辨识，确认历代金石志对此题刻的记载有误，原刻第二

杭州吴山青衣洞题刻现状

行末字风化严重，从刻口上看，恐为"念"或"全"字，而非著录中的"令闻"二字。《两浙金石志》未释第三行"南"字。

秋季杭州满城桂香，龙兴寺遗址就淹没在香气之中。今龙兴寺已经无迹可寻，可龙兴寺经幢依然兀立在

杭州龙兴寺经幢年款局部

市中心的繁华里。该幢位于延安路与凤起路交叉口的灯芯巷中，为全国重点文物保护单位，建于唐文宗开成二年（837），唐大中五年（851）、五代梁乾化五年（915）、南宋淳祐八年（1248）、明崇祯九年（1636）、清顺治十二年（1655）五次重修，均有题记刻于幢身一侧。原有一对，今存其一。经幢为当地青石所制，通高 4.2 米，

六

杭州：天竺飞来的宿缘

唐诗之路

上的唐代摩崖

杭州龙兴寺
经幢幢身南
面拓片

杭州龙兴寺
经幢幢身西
南面拓片

幢身高 1.7 米，由二层须弥座、幢身、腰檐、短柱、上檐、幢顶相叠而成。须弥座的束腰处用高浮雕技法雕八尊承托力士，平座的八面各浮雕勾栏，幢身周刻《佛顶尊胜陀罗尼经》，短柱四面刻佛龛，每龛镌有一佛二菩萨。造像具有丰满、健壮、写实的唐代典型风格。经文书法有款，为唐代处士大书家胡季良所书。据宋《咸淳临安志》记载，龙兴寺创建于南朝梁大同时期（535—545），由邑人鲍侃舍宅建寺。又据《龙兴寺志》记载，唐神龙三年（707），改为"龙兴寺"。寺庙在 20 世纪 50 年底拆除，仅存经幢。

介绍杭州的唐代石刻，钱塘江南岸的袁浦定山风水洞是不可不提的。首先，简单梳理下定山风水洞慈严院的概况。慈严院，相较现在，历史上要出名得多，特别是在唐宋两朝，因处钱塘江畔，是交通要道，离郡城又不甚远，更有神奇的风、水两洞穴可观可探，所以逐渐成为景观佳盛。白居易、林和靖、苏东坡、朱熹等人，多有到访记录，并有相关吟咏诗文传世。

慈严院据传最早为东晋道士葛洪舍旧宅为寺。唐上元间（674—676），赐额"恩德"。当时的风水洞也称恩德洞，白居易任杭州刺史期间的长庆三年（823），题诗中有"云水埋藏恩德洞"之句；苏东坡任杭州通判期间的熙宁六年（1073），诗中有"风岩水穴旧闻名"之句，说明当时风水

杭州定山风水洞洞口摩崖

杭州定山风水洞唐人题刻

洞早已出名。

自宋以后，因为钱塘江逐渐东移，湖埠地区慢慢冷落，风水洞也渐渐少为人知。

风水洞的七处唐刻题名基本上集中在一处不足 3 平方米的崖面上，刻口深而密集，经历千年风华，依然肉眼可辨。除去一处纪年不可确定，其余皆依原刻款识，或查核文献，能确定年份。摩崖题记的信息较为完整，包含了准确纪年、官职、姓名以及事由等等。此处摩崖石刻一直被各种金石志和方志著录。由于苏轼游宦杭州期间，几次探访白居易的遗迹，此处是重要场所，因而苏氏留有题名摩崖一则，与大麦岭题名同为可靠的苏东坡传世石刻珍品。

唐时源于白居易的推崇，此处为文人士大夫聚集之地，由题记内容来看，多为巡牧地方的长官，在元和年间（806—820）集中来游。七则题刻中，《两浙金石志》收录四则。

1. 唐沈岫题名，楷书，三行，左行。

　　吴兴沈岫□元三年正月卅日题。

此则纪年不明，有"贞元"或"元和"漏书"和"字两种可能，待日后学人详考。

2. 唐李事举等题名，楷书，三行。

　　监察御史李事举杭州刺史贾全试大理司直王□。

3. 唐李幼清题名（806 年），楷书，两行，左行。《两浙金石志》卷二：

　　唐李幼清题名。睦州刺史李幼清元和元年十一月

杭州定山风水洞唐宋人题刻

廿九日题。

原书注：

　　右题名在钱唐县定山石壁。文二行，左行，正书，径寸。李幼清《唐书》无传，其任睦州刺史见郡志职官表。

4.唐武儒衡题名（807年），楷书，左行。

　　摄都团练……前国子监四门助教武儒衡元和二年二月廿日题。

5. 唐李夷简题名（807 年），楷书，存两行，左行。《两浙金石志》卷二：

唐李夷简题名。饶州刺史李夷简□游元和二年四月十二日赴。

《两浙金石志》误“赴”为“题”。

原书注：

右题名在钱唐县定山石壁。文二行，左行，正书，径一寸五分。按《唐书》夷简本传云，元和时官至御史中丞、京兆尹。杨凭性骜侻，始为江西观察使，冒没于财。夷简为属刺史，不为凭所礼，至是发其贪，凭贬临贺尉，夷简赐金紫，以户部侍郎判度支云云。史但言属刺史者从略也，得此刻知其时任饶州，其迁御史中丞则在元和二年以后矣。

6. 唐郑敦礼题名（807 年），楷书，存四行，左行。《两浙金石志》卷二：

唐郑敦礼题名。殿中侍御史内供奉郑敦礼元和二年五月七日赴新定（下阙）。

《两浙金石志》误“定”为“安”，当为新定。

原书注：

右题名在钱唐县定山石壁。文四行，左行，正书，径二寸。郑敦礼史传无文，不能考其事迹。新安即睦州郡名。

7. 唐卢缜等题名（809 年），楷书，四行。《两浙金石

杭州定山风水洞唐郑敦礼题名
（浙江省博物馆藏旧拓本）

杭州定山风水洞唐卢缜等题
名（浙江省博物馆藏旧拓本）

志》卷二：

　　　　唐卢缜等题名。范阳卢缜元和四年十月廿五

　　□□□富阳令郑□□□后□。

原书注：

　　　　右题名在钱唐县定山。文四行，正书，径二寸。

后有富阳令郑□，其名已阙。按《咸淳临安志》载：

富阳令郑早，唐贞元七年任。

　　此条摩崖释文据浙江省博物馆藏旧拓本可推断，《两

浙金石志》所缺文字似为："元和四年十月廿五日，时与

杭富阳令郑伟裴损……"

七 绍兴：天界的枢纽

绍兴的摩崖石刻非常丰富，浙江最早的题刻，也是国内汉代隶书单字最大的摩崖——"汉建初买地刻石"，又称"汉大吉刻石"就在绍兴。还有几件很精彩的唐代石刻

绍兴"东汉建初买地券"原刻

作品，最著名的要数大诗人贺知章的《龙瑞宫记》摩崖石刻。《龙瑞宫记》摩崖位于绍兴宛委山飞来石，全文字龛周刻线框，高76厘米，宽69厘米。楷书，十二行，满行十五字，字径3.5厘米。书法隽秀，不乏厚重，结字颇显唐人风尚。周围遍刻两宋以下题刻数十处。释文：

> 宫记。秘书监贺知章。宫自黄帝建候神馆，宋尚书孔灵产入道奏改怀仙馆，神龙元年再置。开元二年，敕叶天师醮，龙现，敕改龙瑞宫。管山界至：东秦皇、酒瓮、射的山；西石箦山；南望海、玉笥、香炉峰；北禹陵内、射的潭、五云溪、水府、白鹤山、淘砂径、茗坞、宫山、鹿迹潭、葑田、菱池。洞天第十，本名天帝阳明紫府，真仙会处。黄帝藏书，盘石盖门，封宛委穴。禹至，开，得书治水，封禹穴。

《两浙金石志》卷二注：

> 右刻在会稽县宛委山龙瑞宫后飞来石上。文十二行，正书，径寸。《嘉泰会稽志》云：龙瑞宫，在县东南二十五里，有禹穴及阳明洞天，道家以为黄帝时尝建候神馆于此。唐神龙元年，置怀仙馆。开元二年，因龙见，改今额。又云，山岭有飞来石，其下葛仙翁丹井，山南则叶天师龙见坛。栖神乃候神之误。又《吴越春秋》，此山为黄帝藏金简玉字之书处，有男子自称苍水使者，禹因之得导水之法云云。此记所述，皆与诸书合。而诸道石刻录谓刻于开元

二年二月，则误以建宫之年为刻石之年矣。《唐书》，贺知章于证圣初擢进士，历官至秘书监。天宝初，请为道士，还乡里。书碑当在归里之后。王象之《舆地纪胜》载此刻而不及其年月，是记后本未书年，今石上四围有界线可证也。

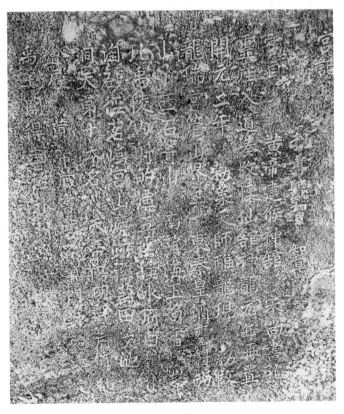

绍兴《龙瑞宫记》摩崖石刻拓本

绍兴《龙瑞宫记》摩崖石刻环境

　　学界对这件摩崖是有争议的，一种意见认为这是唐代贺知章的原刻，此刻石唐代书法风格突出，结字端稳，用笔厚重，应是唐人笔迹；另一种意见则认为，这是宋代复刻的唐代贺知章文本。这里面最大的争议就在贺知章的款识签名上——"贺知章"三字明显是后加刻的。唐代题诗或者文本，都有一个惯例，就是作者的款识会直接写在篇名的后面，其后才是正文，除非不落款识。这件石刻有没有可能是后者，不得而知。另外，如果细看原刻，会发现有经过修整的痕迹。那么有没有可能是因为唐代原刻风化了以后，宋代再据拓本重新刊刻？这需要更严谨的、系统的研究，才能得出结论。

　　绍兴市中心的府山，又称卧龙山，唐代即有"开路记"摩崖，《两浙金石志》卷二载：

绍兴《府山开路记》刻石

唐卧龙山题字。贞元己巳岁十一月九日开山。

原书注：

右题字在山阴县卧龙山顶石壁。文二行，正书，径四五寸不等。《嘉泰会稽志》及王象之《舆地纪胜》并作贞元题名。又以"己巳"为"乙巳"，皆误。

绍兴《府山开路记》摩崖刻石环境

按卧龙山颠，唐人曾筑望海亭，元稹、李绅皆有诗纪事。此十二字，必是建亭时匠人所凿，故字体甚劣耳。

己巳为唐德宗贞元五年（789）。此开路记的右侧是三百年后的北宋元祐戊辰年（1088）杨杰等人的题记。杨杰是北宋诗人，苏东坡好友，他们一同在杭州的韬光、大麦岭、龙华寺等地留有摩崖题记。杨氏写得一手非常好的律诗。

绍兴另一处唐刻是景福元年（892）敕建董昌生祠题记摩崖，笔者据原刻辨识如下：

唐（景）福元年，岁在壬子，准，（敕）建节度□相国,陇西（董）公生祠堂。□（年）十二月十六（日），□□（开）山建立……遍山栽……（枝）□（延）……

《两浙金石志》"度"后有方框，推测为"使"字，谓"节度使"；最后一行残"枝"字前有"柳"字，谓"柳枝"。最后一字据残笔猜测，或为"延"字，还请就教于方家。

该石刻建有石亭保护，亭额上刻有释文考证。晚唐是"唐诗之路"上最灰暗的岁月。景福为唐昭宗的年号。昭宗死于朱温之手，不久，唐朝就匆匆谢幕，由朱温开启了五代的序幕。《两浙金石志》卷三《唐敕建董昌生祠题记》注：

绍兴唐董昌建生祠题刻

绍兴唐董昌建生祠题刻环境

右刻在山阴县戴山东麓天王寺后石壁。凡十行，前六行字径七寸，后四行字径三寸五分，俱正书。按《新唐书·逆臣传》：僖宗时，天下贡输不入，独昌赋外献帝参倍，旬一遣，以五百人为率，人给一刀，后期即诛，朝廷赖其入。累拜检校太尉，同中书门下平章事，爵陇西郡王。昌托神以诡众，始立生祠，刳香木为躯，内金玉纨素为肺腑，冕而坐，妻媵待别帐。百唱鼓吹于前，属兵列护门。所属州为土马献祠下，列牲牢祈请，或诒言土马若嘶且汗皆受赏。昌自言有缞者，我必醉。客有言尝游吴隐之祠，止一偶人。昌闻怒曰，我非吴隐之比。支解客祠前。盖小人意足，擅作威福，不旋踵即有夷族之祸。史不言建祠年月，得此刻，知在昭宗即位之四年也。

董昌只是个地方军阀，能打仗，但没有什么政治头脑，在他准备自立为王的时候，出来一个很重要的人物——钱镠，把他给灭了。临安钱氏对江南有庇佑之功。钱镠所创立的吴越国，虽然偏安江南一隅，但实际上给整个江浙一个非常可靠的保护，一个休养生息的时期，而且使得五代至宋平稳交接。这也为钱唐成为人间天堂，打下了坚固的基础。回到绍兴这处开山记，摩崖石刻的书法非常险劲刚毅，结字紧凑。唐代设有官方书家，专门负责书法题刻，官刻所呈现出来的书法艺术作品，非常有震撼力。

七　绍兴：天界的枢纽

宁波：彼岸的幻想

宁波有两处唐代石刻，一为保国寺的两座唐代经幢，即原普济寺经幢和原永寿庵经幢，现已移入保国寺保存；第二处在阿育王寺，这处唐刻全称"大唐越州都督府鄮县阿育王寺常住田碑"。常住是佛教术语，指寺庙里的长久居住者。这块碑在唐代立完后没多久就被火烧毁了，不久又重新竖立。唐代王羲之书法是王道，所以很多碑刻都是一手的《圣教序》体。《阿育王寺常住田碑》的篆额也非常漂亮，碑文书法完全是王羲之风范。此处将碑文全文收录，供读者品读：

阿育王寺常住田碑

大唐越州都督府鄮县阿育王寺常住田碑。旧碑是前□赵州刺史徐峤之书。前秘书省正字郎万齐融撰。顺阳范的书并篆额。韩特镌。

我闻语寂灭者，本之以不生，而菩萨不能去资生立法；谈逍遥者，存之于无待，而神人不能亡有待为烦。吉祥之降，帝农教以耒耜；苍灵之下，后稷俾其播种。故维摩之毗耶，稽首持钵，尚诣于香积；释迦之给孤，洗足着衣，犹乞食于舍卫。□知夫食者不独乎人天，农者岂唯乎政本？阿育王灵塔寺者，晋义熙元年之所置也。昔孔雀氏宿童子之因果，当金人之授记。暨铁轮位正，宝塔功成，计鸟道之千里，占人寰之一胜。夜叉密迹以飞行，神僧护影而围绕。虽方坛气象，已萌青石之符；而员顶光明，未质白云之状。迫观音应现而幽赞，利宾虚求以昭发。全身踊出，傥如多宝之音；一瓜圆开，宛是楼那之相。神其不灭，道在兹乎？晋安帝允厘三才，成就六度，聿图兰若，式印招提。景行阿育王，故以育王灵塔为称首。徒观夫轮奂规矩，钩绳创制；珠轩翠槛，延衺中霄；玉溜金池，周罗上界。环海之下流元气，大地为衣；围山之上结太清，诸天作盖。信方广一都之会也，左赤岸而千里，右青□□□曲。霞标莽苍，幽幽迷鬼谷之祠；日刹晶明，的的识丈人之馆。天花未雨，宿传龙界之香；地籁无风，时起鱼山之梵。则知定光诸佛，悔天台之赤城；罗汉群仙，谬昆仑之玄圃。□□法惟神授，道乃人弘。向使输柯王昧巴连之因，初微此塔；迦叶佛晦阎浮之迹，殆旷兹山。盖虚明之绝境，不可得而思议者也。粤寺东十五里塔墅常住田者，宋元嘉二年

宁波唐《阿育王寺常住田碑》拓本

奉诏之所立也。宋文帝秉篆御乾，作娑罗之外护，感阇耶子砂糒之供，制赐是田；梁武皇握枢临极，为宝应之下生，见阿育王金粟之果，敕蠲其赋。日月盈止，既有命以自天；陵谷迭□，终不动其如地。梁普通中，沙门僧绥，兹寺之应真也，以发行为道场，以直心为净土，闻纯陁良田之喻，遂笃志焉。既种既戒，载艾载柞，察地道之化成，观天道之时变。晤是身无主□□，始以常住名焉。次有僧济上人，虚己净心，绅兹惠业，披衣画其塍埒，持戒整其疆畔，苗而不秀，有恨何及？逮陈隋之季，丧乱荐臻，农野萧条，鞠为茂草。我皇家执大象，乘飞龙，陟丕上帝之耿命，绍

宁波唐《阿育王寺常住田碑》局部

复先王之大业。有山栖旷和上，道尊人杰，德贵天师。中宗孝和皇帝亲降玺书，愿同金辇，击鼓而陈其入国，造船而捧其登座。故知二乘行道，□□朱□，四果适时，还陛紫殿。虽植众德本，作南山之福田；种诸善根，存东皋之净业。初湖之左右，夹壤二区，榛梗始艾，蓄畲粗立。僧徒理胜，力未赡农，童牧因闲，私窃种艺。和上。□蒙俗之贪垢，负冥期之幽报。乃推湖西易垄，让为闲田，攘诤归之，春税就给。惟割湖东十顷，复古赐地，穷海北渐，曾山南麓。楼子根盘以东峙，富都股引而西注。真陆水膏腴之沃壤，实神灵滋液之奥区。于是奠其畛畷，孚其版籍，农野罢侵，田畯至喜，人到于今称焉。前寺主简、皎二法师，僧祇之龙象也，就先畴之畎亩，敦老农之底绩。葳事作制，蓑笠来思者久之，岁功未成，生崖共尽。流沙忽去荒凉紫陌之田，影壁空存摇落青园之寺，可为长太息者矣！有惠炬阇黎，德业淳修，曾统纲领。道胜之韵，生而能言；禅悦之味，老而弥笃。用能纂其□始，高轨可追；庀其委积，长算斯远。与法言沙门，俗姓喻氏，贞已密行，惠心苦节，今届知墅任，垂将十年。先是潟卤未斥，涂洳未浚，苔稗翳荟，漫于农郊。夫其心啬制度，目瞬曲折，荷锸畚土，堙洼铲凸。隤竹落，捷石留，溉高凑仰，增卑培薄。分猋水怒，承达土气，填淤游荡而时至，余波宽缓而不迫。终古旱害，浸以污潢，冬不祈于积雪，夏无荣乎小雨，由是湖有千金之号焉。当其春扈司载，田事既饬，产孚甲，毓萌芽，或穮或蓘，实颖实发，上农台而课长赢，汶阳之稼如云矣；及夫寒蝉记时，农乃登谷，完积聚，筑场圃，孚不遗秉，□无□□，□□庚而督收成，海陵之仓非衍矣。《诗》云："倬彼硕田，岁取十千。"其是之谓乎？百谷既蒸，万供既设，满以众香之钵，熏以毗耶之城；或异声闻，若化菩萨，虚高座以影集，时洪钟而□□。□座而坐，饭食经行。嗅若香风，味同甘露。遍满一劫，周流十方。闻之者得未曾有，食之者咸登正位。白衣之会龙国，无掘郁金之香；缁裳之集鸡寺，不碎庵罗之末。三藏大□，□□金之奇贵；一器沙弥，识竗坋之非重。资我饭色，师之力欤！都维那玄综，游方观化，大□慈诱。火耕水耨，常有助于上农；飞杖浮杯，今载行乎中国。上座释辨疑，十城之僧主也，神清□合，金杵发其休征；寺主释惠敏，九州之维那也风骨天成，铁镇起其灵相。咸能以如来之衣衣，分如来之座坐。护育王之灵塔，愿贸金钱；□育王之圣田，思模石柱。弟子早校兰书，式典麒麟之阁；晚游莲迹，每参鹦鹉之林。宾头卢之下空，亟见有能师子；舍那私之入寺，岂谓无知老人？识异博文，才非能赋。阮公不事，曾供香花；顾越有缘，遂瞻碑版。满笈多之石室，未掷其筹；对轮王之金地，且耕其笔，多罗之叶，而书偈

八
宁波：彼岸的幻想

云：浑仪草昧，象物纷挐。或甲而乙，或萌而牙。万殊成类，百宝攸嘉。故后稷布其种，神农尝其华。（其一）燧人更运，火正司职。教以鼎饪，炊之黍稷。易兹毛茹，成此粒食。是之为人天，是之为皇极。（其二）我闻维摩，曾语舍利。如来大慈，甘露上味。又见阿难，问是香气。亦有以饭食，以之为佛事。（其三）若长者主，若声闻人。天诸居士，地虚空神。如闻饭气，而亦来臻。况生生之位□有待之为身。（其四）猗欤童子，供资砂糒。法王大慈，冷然虚受。伊铁轮以授记，从灭度后；何宝塔之庄严，得未曾有？（其五）鸟道於许，人寰在哉。鬼神冥运，风雨潜来。白云涌出，青□半开。□千轮之莲迹，建百福之花台。（其六）宋帝下生，梁皇外护。太稷赐畴，司农蠲赋。皋壤映发，湖源灌注。既鱼鳞以左右,亦犬牙而盘互。（其七）菑畬平秩，蓑笠来思。爰疏畛畷，是务锄犁。三农□□，万亩祁祁。自膏腴而兼倍，矧雨露与华滋？（其八）懿兹开士，赏功司过。悦以犒勤，刑以肃惰。东作方喜，西成是课。始象耕而鸟耘，终牛春而马簸。（其九）千箱既积，五谷斯分。味蒸甘露，炊涌香云。孰云菩萨，而谓声闻。抟须弥所不能尽，曷毗耶之足熏？（其十）藐尔赤松，犹田白玉。矧伊塔寺，神通付嘱？信矣育王，能生金粟。彼郑国之泥紫，如富都之水绿。（十一）我来自东，经行成趣。净业斯辟，

善根方树。式纪因缘，匪存章句。庶金田与石柱，永巍巍以常住。

在正文的后侧，有后记和书家与太守的和诗，一并录下：

育王寺碑后记

此寺碑记尝为寇盗隳坏，久无竖立。有好事僧惠印录其旧文，藏于箧笥。又与老宿僧明秀、志诠，寺主僧志仁，上座僧栖云，都维那僧巨嵩，会议重建其碑焉。余美其乐善，会剡越间有隐逸之士曰范的，业文功书，未遇于时，常萍泊云水间，一日扁舟至明，余邀以书之，添胜境游观之一事。略纪端由于碑后云。太和七年十二月一日明州刺史于季友记范处士在育王寺书碑，因以寄赠。明州刺史于季友。墨妙复辞雄，扁舟访远公。雪天书梵字，霜月步莲宫。迹寄双林下，名留劫石中。遥知松径望，棠叶满山红。时在育王寺书石字，奉酬中丞使君寄赠四韵，依次用本韵。处士范的上。拙艺荷才雄，新诗起谢公。开缄光佛域，望景动星宫。风雪文章里，书镌琬琰中。将谁比佳句，霞绮散成红。石有光者，曰琬，音柳。

从阮元《两浙金石志》的注释文字中，可以看出他对此碑的考证以及推崇：

右碑在鄞县阿育王寺。额题篆书"阿育王寺常住田碑"八字，径二寸五分，文三十三行。又后记并诗四行，俱行书，径八分。碑首题"大唐越州都督府郧县"。按《唐书·地理志》：开元二十六年，割越州之鄮县置明州。齐融撰碑时，尚属越州，为都督府所辖。徐峤之，善书法，《唐书》附其子浩传。《墨池编》云，峤之，字惟岳，佐佑五王，迎立中宗，历赵、湖、洛州刺史。此题赵州刺史，是在迎立中宗之后，则碑当书于开元初年也。万齐融见《旧唐书·贺知章传》，云：神龙中，知章与贺朝万、齐融、张若虚、邢巨、包融等，俱以吴越之士，文词俊秀，名扬上京。贺朝万止山阴尉，齐融昆山令。是《旧唐书》以"万"字属上文，误作"贺朝万"矣。钱少詹大昕云，唐时，秘书省、著作局、集贤院、经局，皆设正字。或四人，或二人，皆或正九品下，或从九品上。今齐融结衔系以郎字，不知何时所增也。于季友，太保颀子，附见颀传，尚宪宗女永昌公主，拜驸马都尉。《宰相世系表》但书绛、宋等州刺史，不及明州，略也。范的为剡越间隐士，以书文见契于刺史，可补《书史会要》之遗。顺阳乃其本望，季友与的倡和诗，《全唐诗》皆不载。

宁波保国寺天王殿前有两座造于唐代的石经幢，其一为造于大中八年（854）的鄮县永寿庵尊胜经幢（已断裂）；另一座普济寺经幢造于开成四年（839），距今已一千余年。普济寺石经幢原立于宁波慈城镇（古慈溪县

宁波保国寺经幢及其局部

城）普济寺大殿之前，其遗址现为慈湖中学所在地。据宋《宝庆四明志》载：普济寺，"吴赤乌二年太子太傅都乡侯阚泽书堂，后舍为寺。唐大中初，县令李楚臣因阚泽字德润，故以名寺。乾符中，敕赐应天德润。宋大中祥符初，改今额"。按文献记载来看，该寺或许是江南地区最早的佛寺。

普济寺石经幢通高4米，其中幢身高度为2米，幢体呈八面形，每面宽约25厘米，周身镌刻有唐代书法家奚虚己书写的《佛顶尊胜陀罗尼经》全文并序文，另刻有"唵摩尼达哩吽吽咃"八字真言咒，共计三千三百余字。经幢的顶部雕饰有云盘、翘檐，基座上部的承盘上刻有蟠龙形态，中部束腰浮雕刻八大金刚造像，底部基座以覆莲修饰，经幢整体造型凝重庄严，雕刻细腻精美，是江南唐代经幢中的罕见精品。经文的书家奚虚己在晚唐书名显达于江南，清代金石学家叶昌炽在其著作《语石》中称道："奚虚己、胡季良，皆唐末经生也。今吴越间经幢，尤多奚、胡两生笔。"说明当时这两位书家的知名。经生，全名写经生，在唐代是以抄写经文为业的专业书家，行书、楷书、草书诸体皆备。普济寺石经幢在后来的岁月里，饱经沧桑，历经唐武宗和后周世宗两次灭佛运动，又加之近千年的兵劫，普济寺早已无存，仅剩经幢保留至今。1983年，出于保护的目的，文物部门将该幢自慈城移建至宁波保国寺山门前，列入浙江省级文物保护单位目录。至此，普济寺石经幢终于可以平静安稳地享受岁月的流逝。

位于保国寺山门西侧的另一座经幢，也是唐朝遗物。该石经幢为唐宣宗大中年间（847—859）之物。原立于鄞县东五十五里的永寿庵，民国十八年（1929），由甬江北岸迁至市区的中山公园陈列，1984年由文物保护部门将其移入保国寺山门前。永寿庵石经幢，始建于唐宣宗大中八年（854），为八角形幢体，幢顶遗失已久，通幢整体构件保存状况一般。经幢下部由一组须弥座构成，幢下以一层仰莲承托，其下束腰亦为八角形，四面开龛，龛中雕饰护法天王造像。底座雕饰有二层覆莲并"九山八海"图样。据《鄞县志》载："此幢本刻《尊胜经》。"但细观原石，幢身所刻字口保存完好，书法精美，幢身通刻天台宗经典《大乘妙法莲华经》全部，字迹基本完好可辨，文末题刻大中年款，未知《鄞县志》所据为何文献。

九

天台：东土佛国

从宁波拐回"唐诗之路"的终点天台，这里有很多可供参观的唐代遗迹。

天台佛陇

天台琼台（明　杨文骢）

先说真觉寺。真觉寺旧称塔头寺，所在的山脊称"佛陇"。历代莅临天台山的名人和艺术家都有创作道及此寺。晚明文人、山水画家杨文骢，被称为"画中九友"之一。他有一套册页传世，其中就有天台的塔头寺、琼台诸地，还有雁荡山名胜。可见在明代，这些区域即已闻名大江南北。亲临真觉寺，让人有种时空凝滞的感觉。寺庙位于山顶，周围竹林茂密，山风清凉，极目远眺，云卷云舒；返身入寺，桂香隐幽。在大殿的右侧有一个小庭院，院中一室专为存放唐碑而设，碑名曰"修禅道场碑铭"。此碑立于唐宪宗元和六年（811），碑面、碑阴、碑侧全是文字，大量题记都是在同一个时代完成的。当时的功德

九　天台：东土佛国

天台真觉讲寺

天台唐《修禅道场碑铭》局部　　　　天台唐《修禅道场碑铭》拓本局部

主都以自己的名字被刻在这块碑上作为荣耀的顶点。《两浙金石志》卷二录有是碑全文：

> 唐修禅道场碑
>
> 台州隋故智者大师修禅道场碑铭并序。右补阙翰林学士梁肃撰。朝散大夫台州刺史上柱国高平徐放书。陈修古篆额。
>
> 天台山自国清上登十数里曰佛陇，盖智者大师

天台唐《修禅
道场碑铭》

现身得道之所，前佛大教重光之地。陈朝崇之，置寺曰修禅。及隋建国清，废修禅之号，号为道场。自大师殁一百九十余载，大比丘然公，光昭大师之遗训，启以后学，门人比丘法智，洒扫大师之旧居，以护宝所。门人安定梁肃，铭勒大师之遗烈，以示后世云。大师讳智顗，字德安，姓陈氏，颖川人也。尊称智者感应（缘迹载）在别传。夫治世之经，非仲尼则三王四代之训，寝而不章；出世之道，非大师则三乘四教之旨，晦而不明。昔如来乘一大（事）因缘，菩萨以普门示现，自花严肇基，至灵鹫高会，无小无大，同归佛界。及大雄示灭，学路派别，世既下衰，教亦陵迟。故龙树大士病之，用道种智，制诸外道，括十二部经，发明宗极。微言东流，我惠文禅师得之于文字中，入不二法门，以授南岳思大师。当时教尚简密，不能广被，而空有诸宗，扇惑方夏。及太师受之，于是开止观法门。其教大略即身心而指定慧，即言说而诠解脱，演善权以鹿苑为初，明一实用法花为宗。合十如十界之妙，趣三观三智之极。自发心至于上圣，行位昭明，无相夺伦。然后诞敷契经而会同之，焕然冰释，心路不惑。窥其教者，藏焉修焉，盖无入而不自得焉。大师之设教也如此。若夫弛张体用，（开）阖语默，高步海内，为两朝宗师。大明在（天），光被四表，大云注雨，

旁施万物。繇是言佛法者，以天台为司南，殊（涂）异论，往往退息。缘离化灭，涅盘兹山，是岁隋开皇十七年也。夫名者实之宾，教者道之门。大师混其宾，辟其门，自言地位，示有证入，故感而应之，应之之事，可得而知也。若安住法界，现为比丘，等觉欤？妙觉欤？不可得而知也。当是时，得大师之门者千数，得深心者三十有二人，纂其言施行于后世者，曰章安大师，讳灌顶。灌顶传缙云威禅师，禅师传东阳，东阳与缙云同号，时谓小威。小威传左溪朗禅师。自缙云至左溪，□元珠相付，向晦宴息而已。左溪门人之上首，今湛然大师，道高识远，超悟辩达，凡祖师所施之教形于章句者，必引而申之。后来资之以崇德辩惑者，不可悉数。盖尝谓肃曰：曰山之佛陇，亦邹鲁之洙泗，妙法之耿光，先师之遗尘，爰集于兹。自上元宝应之际，此邦寇扰，缁锡骇散，而比丘法智，实营守塔庙，庄严佛土。回向之徒，有所依归，繫斯人是赖。汝吾徒也，盍纪于文言，刻诸金石，俾千载之下，知吾道之所以然？小子稽首受命，故大师之本迹，教门之继明，后裔之住持，皆见乎辞。其文曰：诸佛出世，惟一大事。天台教源，与佛同意。赫赫大师，开示奥秘。载（宏）要道，安住圆位。白日丽天，天下文明。大师出现，国土化城。无生而生，生化雨冥。薪尽火灭，山空

道行。五世之后，闲生上德。微言在兹，德音允塞。惟彼法子，护持净域。此山有坏，此教不极。唐元和□年十一月十二日僧行满建。

原书注：

> 右碑在天台县大慈寺。额题篆书"修禅道场碑铭"六字，径三寸四分；文二十四行，行书，径寸。按大慈寺即智者修禅道场也，碑叙其遗行及传授世次极详。末行"元和"下缺一字，据《宝刻类编》乃"六年"也。梁肃名附见《唐书·苏源明传》。建中时，授校书郎，后以萧复荐，拜右拾遗。杜佑辟为淮南书记，入为右补阙，翰林学士。《唐文粹》载，梁肃所作《心印铭》，前有陈谏序，云安定梁肃学止观法门于沙门元悟。今此碑湛然为智者五世孙，《天台方外志》录其著作十五种，有《止观大意》《止观文句》《止观义例》等书。肃此文自称门人，则元悟殆即湛然之名也。徐放《唐书》无传。惟《衢州府志·名宦》称，放字达夫，元和九年任衢州刺史。此在六年，尚官台州刺史也。

离开塔头佛陇，一路向南，就可以到达天台山的另一处胜迹，也出现在杨文骢的画笔下——琼台。据传琼台是王子乔吹箫引凤的地方，山涧幽深，一峰耸起于涧底，四面悬空，悬崖百丈，数百米的绝壁高耸入云。这是传说中

天台琼台唐元和十四年题刻

仙家修炼的福地。周遭景色优美，远山隐隐，悬崖深不见底，却可闻飞瀑之声，让人恍如置身世外。琼台崖谷的顶端，刻有明确系唐代年款的摩崖。楷书，四行，左行。字径7厘米。释文：

唐元和十四年岁在己亥中书甲子之期。

其周围零散刻有"紫金""玉闼"一类的字眼，恐是题诗，或是道家题刻也未可知。这件摩崖石刻被收录在南宋陈思所编的《宝刻丛编》里。摩崖石刻有一个非常值得信任的"血统证明"，就是被历代金石学家的著录收录过，这样一来就成了著录名品。别小看这块石头，其正反面、顶面、侧面，除了底下泥土，全被刻遍了，时代自唐代一直到民国都有，所有人都想在上面题刻一番，以期永垂不朽。当地百姓叫它"题字岩"。

《题琼台》的这篇摩崖诗作是值得重点推荐的，见录于《全唐诗》。《全唐诗》收录柳泌两首诗，一首叫《玉清行》，另一首即此。题刻释文：

题琼台。总仙刺史柳泌。崖壁盘空天路迥，白云

天台唐柳泌题琼台原刻

天台唐柳泌题琼台原刻局部

九 天台：东土佛国

行尽到琼台。洞门黯黯阴宫闭，金阙瞳瞳日殿开。

楷书，六行，字径近 10 厘米。此诗与《全唐诗》著录者有三字不同："迥"《全唐诗》作"回"，"到"《全唐诗》作"见"，"宫"《全唐诗》作"云"，可据是刻修正《全唐诗》。此刻早在南宋时就被著录于陈思所编的《宝刻丛编》一书中，后屡被历代金石学和方志收录。明代之后，因为环境逼仄，此刻匿迹多年，以致阮元《两浙金石志》失录。我国文物界老前辈、文博界泰斗谢辰生第一次见到这件摩崖拓片的时候，已将近百岁高龄。先生当时特别兴奋，说道："这件东西是《全唐诗》稿啊！《全唐诗》这么多首诗，只有这件东西是以实物的形式留下来，而且是唐人在本朝留刻的，很珍贵，这是目前唯一的标本，要好好保护起来。"

柳泌在历史上是个异数。他以方士的身份，给唐宪宗寻访长生不老药，宪宗封他做刺史，他动用地方行政权力，驱民入山采药。结果，药没找成，还把皇帝给吃死了。当然，历史上关于唐宪宗的死另有记载，有人说是宦官谋逆弑帝。不管如何，新皇帝唐穆宗一上台，就把柳泌给杖杀了。这件摩崖石刻在宋代人的记录里还是很清晰的。但是到了清代，天台当地的文人，不知基于什么原因，硬说它被磨掉刻成别的了，还煞有介事地形容被磨掉的字迹隐隐可见云云。后来的研究者都是延续此说，直到前两年此题刻偶然被重新发现。现在仍有人

天台琼台题字岩

怀疑其真实性，均是迷信地方文献笔记之故。细观此摩崖诗刻，完全符合唐人诗刻格式，诗名、署款、正文依次罗列。其字体为典型唐人楷书风格，结字端庄稳健，线条遒劲，有颜真卿笔意。以常识想，古人不顾生命，费力于悬崖之上作假刻，所为者何？

由琼台下行，便到了天台山国清寺。这里曾被大诗人李白与齐州灵岩寺、润州栖霞寺、荆州玉泉寺并称，誉为天下丛林四绝之一。国清寺始建于隋代，如今寺中有一千四百余年历史的梅花依然盛放，花开时，满眼云涌，一时风过，如飞雪入怀，天地为之动容，一洗寒梅萧疏的感觉。丈室之后有唐樟一棵，主干需两人合抱差强可以。

国清寺后的石壁上，

天台国清寺可明老方丈书法

寻访柳泌题琼台原刻

留有令宋代大书法家米芾倾倒的摩崖石刻，是目前为止已发现的唐代书法家柳公权的孤本——国清寺寺额"大中国清之寺"，被著录于南宋陈思的《宝刻丛编》中。楷书，正文两行，款一行，居左。释文：

　　　　大中国清之寺。柳公权书。

　　右侧有题记"住山志南重建"字样。柳公权榜题国清寺额摩崖，是江南唐刻的名品，单字很大，约35厘

天台国清寺柳公权摩崖石刻　　天台博物馆藏"大中国清之寺"拓片

米宽，整体摩崖净高超过 1.8 米，其用笔饱满刚劲，结体雄浑雍容，非常端庄，有庙堂之气。柳公权的款署在榜额左侧，与我们在别处看到的唐代的匾额形制吻合，如敦煌壁画里、五台山佛光寺、蓟县独乐寺等处都是如此。字为直行排列，款书左侧，竖匾的形式完整地保存了唐代匾额的范式。宋代米芾因为迷恋这件石刻，亲赴天台探访，并将其收入自己的《海岳名言》一书。此行米芾也给天台留下了"秀岩"二字榜题，附刻于柳公权题刻的侧身。

天台山还有两件唐刻，也都是依据文献断代的，因为书法的时代气息非常吻合，故一并收入。

天台山桐柏宫是道教的南宗祖庭，唐时有一位高道曾经在此隐居。这位高道也是"唐诗之路"的灵魂人物——司马承祯。他还有一个特殊的身份——玄宗皇帝的顾问。因为早年建造水库的原因，老桐柏宫早已沉入水底，鸣鹤观成了新桐柏宫。此处现有两件石刻造像——古贤伯夷、叔齐石像。其中叔齐像的题名已经被毁，只剩造像躯干部分。另一件在石像背后的题名保存完好，名曰"伯夷"。"伯夷"二字小篆，一行，直列。属玉箸一路，有李阳冰风范，清代学者有目之为李书者，聊备一说。据说宋代徽宗年间，有一位天台桐柏宫的道士，在汴梁治愈了太后的病，宋徽宗就把御花园里的两尊唐代石像赐给了他。他将石像带回桐柏宫供养。此二像毁于20世纪60年代，同时被毁的还有唐玄宗御赐的韩择木书写的《新建桐柏宫碑》。前些年，文物保护部门按照老照片，利用剩下的石像残躯，恢复了伯夷、叔齐的造像。所幸当年有旧拓本传世，故而伯夷、叔齐二篆书题名，我们依旧能看到。

最后一处也是篆书题刻，是从明代天台先贤的著录里找到的，叫"释忏"，是对佛教文献的解读的意思。这两个篆书由唐代天台宗的祖师荆溪湛然大师写在赤城山的一个灶壁上。"释忏"二字篆书，一行，直列，刻于红

天台唐伯夷像题刻拓本

天台唐伯夷像题刻

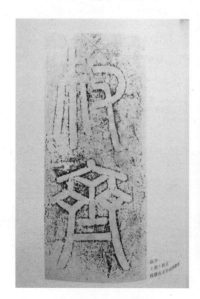

天台唐叔齐题刻拓本

天台恢复后的伯夷造像

天台唐赤城山摩崖"释忏"

色岩体之上，周边有元明以来题刻，如"平野道人"、双钩"佛"等。

赤城山是天台山的标志，乾隆帝曾御题"赤城霞起"以赞誉赤城山的美景。李白写了一首《天台晓望》，既是

九
天台::东土佛国

"唐诗之路"上的鸿篇，也是赤城山的骄傲：

天台邻四明，华顶高百越。门标赤城霞，楼栖沧岛月。

凭高远登览，直下见溟渤。云垂大鹏翻，波动巨鳌没。

风潮争汹涌，神怪何翕忽。观奇迹无倪，好道心不歇。

攀条摘朱实，服药炼金骨。安得生羽毛，千春卧蓬阙？

十 金华：一抹大唐晚霞

金华是浙西重镇，秦汉时期就是重要的地理枢纽。唐代为婺州，统辖浙西。

唐代法隆寺经幢，俗称金钱寺经幢，位于浙江省金华市城郊金钱寺村。法隆寺毁弃年久，目前仅遗存唐代石经幢一座，幢体部分埋入地下。石经幢呈八角形，土面以上残高 6.3 米。幢基为双层束腰须弥座，底层须弥座束腰每侧浮雕金刚力士造像，均作两手托举状。造像雕刻开脸生动，表情栩栩如生。上层须弥座束腰镌刻一干舍财建幢的功德主姓名，以刊刻字迹的差别判断，历代均有补刻。仰莲上安置幢身，高约 1.75 米，周刻《佛顶尊胜陀罗尼经》并建幢记。建幢记显示，此幢始建于唐大中十一年（857）。幢身之上有宝盖、连珠、仰莲、勾栏、腰檐等唐代标准构件。宝盖八角形，每角雕有兽首。宝盖上有四个连珠，皆浮雕有迦陵频迦或共命鸟，为人首鸟身，作展翅飞翔状。仰莲三层，莲瓣饱满，雕琢精细。其上为平座勾栏，以整石雕琢，仿木结构，唐风宛然。短柱四周雕文殊、普贤即众菩萨弟子经变故事。华盖底面浮雕伎乐天众，上为短柱覆莲，刻流云纹盘石，平座勾栏，宝顶雕饰龙纹。《两浙金石志》卷三收录该幢铭文，多为功德主姓名，其列名的方式非常世俗，依据布施银钱的数量次第罗列。以下是《两浙金石志》著录的全文，照录在这里，或能一窥面目：

　　唐法隆寺经幢。佛顶尊胜陀罗尼经序（序文不录）。佛顶尊胜□□□经（经文不录）。大中十一年十一月十五日树。刺史李嶸，录事参军卫约，金华县令余师周，京大兴善寺苾刍大悯僧元鉴，寺主僧义裹，上座僧志谦，都维那僧良达，都勾当僧清溢，慕缘大功德主许成，都料陈政、刘简。于知仁书，沈咸镌。幢下截题名：金华县录事刘傅贤、录事刘授奉为先考，仓督间邱广并弟从膺、从直等奉为考妣，舍钱五贯文。仓督杨度并兄□、弟简等舍钱三贯文。仓督滕成王□，录事史李玠、钱信、刘廉、刘端、胡荣、刘长、蒋选、刘敬、姜总、张及、刘□、葛成、黄侃、王绰、舒进、宋遂为考妣。五贯文施主钱彻、伯伦、石滋（为考）、刘约（为考妣）。四贯文施主叶芳、程曾、刘翔。三贯文施晕、杨玩、黄璨、徐昌、朱国宁、支清、冯荣、黄坦、黄季南、孙邦、黄晕、徐达、□□平、项伯瑛、钱儒、阮清、钱□、□敏、黄常兴、陈遂、钱殷、□宗、戴宏质、施则、徐温、严诠、谢良济、祝和、郑遂、□常进、□遂、刘方言、葛抃、施政、叶迈、曹琦、刘简、陈俨、张及、祝亮、刘□、□□朗（为考）、钱绪、房缁、温容、葛琢、黄鸾、孙潘、张熊、钱昕、朱国宁、璩广、俞稹、钱悫、张仙、徐瓒、项忻、叶纵、李瑊、黄玩、施庭、常僧宝、施则、刘清湍、毛瑊、施荣、顾用、阮昳（为亡儿孙）、陈爱、刘溢。新建村众刘华、吕惟珣、舒□、徐诠、刘逸、裴太原（为□）、徐兴、包琬、常僧护、包忻、章□、陈孚、崔殷、蒋□。

金华县录事宋惟远（奉为考妣）、滕景麟（为考妣）、祝荣、张□、王澄、蒋伦、孙璠。□□施主钱珪、□清、钱直、乐琳、应期、胡文郢、陶公用、杨庆、刘荣、陶盛（为母）、陈团、陈迥然、黄皋、□约、孙□、谢仲仪、王伯瑛、孙日□、卢昌、卢洪、黄师简、朱□、尚□、钱公亮、陈秀、间邱琦、滕宁、葛惟□、何□、陈公授、楼贞、刘郢、李□、刘盘、朱惟谦、刘□、刘唐殷、陈约、刘□、朱谦、包惟盛、孙巨川、□仲、姜和、郭□□、李及、刘□、冯□、黄汝兰、董忠、钱广、宋惟圻、叶麻、□实、刘嗣初、黄一娘、蒋二娘、刘一□、杨文举、杨度、陈□、杨良。□贾□黄十一娘、孙十一娘、卢四娘、黄七娘、陈十娘、黄四娘、徐五娘。

五百文孙三娘、袁一娘、景十二娘、支一娘、□□娘、
姜六娘、黄一娘、尹五娘、刘一娘、戴□□、□二娘、
黄九娘、张一娘、戴四娘、何一娘、□一娘、王一娘、
俞一娘、郭三娘、滕五娘、黄九娘、□九娘、陈□娘、
庐一娘、陶三娘、蒋三娘、张七娘、刘□□。刘四娘
舍金钏一支重一两，帖咒及佛宇。黄八娘舍一贯文。
四百文徐五娘、刘五娘、刘十五娘、曹四娘、诸葛二娘、
陈一娘、应二娘、徐十一娘、叶五娘、葛二娘、黄一娘、
刘十□、滕二娘、滕三娘、王三娘、滕四娘、蒋□娘、
朱三娘、葛五娘、刘□娘、姜二娘、赵一娘、赵二□、
朱十一娘、张一娘、徐□娘、黄八娘、葛一娘、陈一
娘、徐一娘。三百文卢三娘、刘五娘、徐廿二娘、阮
三娘、郭六娘、滕□□、叶四娘、刘八娘、刘廿七娘、
尹五娘、杨□□、尼如□、尼恒彻、尼寂□、尼恒渐、
尼清琬、尼法然、民惟□、尼惟璨、尼契宏、尼□纵、
尼契峰、尼如雅、尼惟悟。小幢子□三□施主刘仲环、
支干、张璟、王约然、喻□、朱华（为男）、任十一
娘、陈十五娘、胡廿五娘、胡廿一娘、刘国瑶、张伯
江、夏亮、黄四娘、陈二娘、陈仲潘、朱环玉、庐□
嗣、□□昭、□廿三娘、赵二娘、胡□□。

原书注：

　　右幢在金华县南法隆寺，俗称金钱寺。石高四尺
八寸，八面，周广六尺四寸，每面正书九行，字径八

金华法隆寺唐代经幢及其局部

分。幢为于知仁书，端谨秀丽，亦唐之善书者，惜未载于《书史会要》。后题刺史李蟠、录事参军卫约、金华县令余师周等名，惟李蟠见《全唐诗》，余皆无考。幢座间尚有出钱姓名八面，拓者遗之。兹从陈广文（焯）所录补入。

根据文献记载，金华另一处唐刻在风景名胜双龙洞中。可惜，此处唐刻，至今未能重见天日，只能照录《两浙金石志》卷三文字，一发思古之幽情：

> 唐双龙洞题名。阎省问。郑澳。唐咸通辛巳秋十二日，赛雨云，洞天……进士（月）……铉滔……在……

原书注：

> 右题名从陈广文（焯）藏本录之。陈云石刻在金华山双龙洞右小洞之中层石角上，字约寸许，作八行。端正浑厚，非唐人不及也。按咸通辛巳为懿宗二年，阎省问、郑澳赛雨至此，当是尔时守土之人。

十一 缙云：盛唐逸风

到了缙云，题刻都和李阳冰有关。李阳冰，字少温，谯郡（今安徽亳州）人。历官缙云、当涂等地县令，国子监丞、集贤院学士等，善篆书，名重一时。李阳冰上承李斯法乳，用笔圆润淳厚，结字古朴周正，为唐以来篆书大宗。惜《新唐书》《旧唐书》皆无传录。据朱关田先生考证，李阳冰约生于开元九年或十年（721—722），约卒于贞元初年（785—787）。李阳冰的事迹，最早见于同时代人窦臮的《述书赋》：

> 通家世业，赵郡李君。峄山并鹜，宣父同群。洞于字学，古今通文。家传孝义，意感风云。

《城隍庙记》全称《唐缙云县城隍庙记》，李阳冰篆书，八行，行十六字。释文：

> 城隍神祀典无之吴越有之风俗，水旱疾疫必祷焉。

有唐乾元二年秋，七月不雨，八月既望，缙云县令李

《唐缙云县城隍庙记》碑拓本

　　阳冰躬祷于神，与神约曰：五日不雨，将焚其庙。及期，大雨，合境告足，县官与耆耋群吏人自西谷迁庙于山巅，以答神休。

　　乾元二年（759）立，原石不传，今传者为北宋宣和五年（1123）十月重模之石。正文后有两行北宋楷书题记，文曰：

　　　　唐乾元中，李阳冰尝宰是邑。邑西山之巅有《城

《唐缙云县城隍庙记》碑边款　　　　　《唐缙云县城隍庙记》碑局部

隍祠碑刻》，实所为记与篆也。阳冰以篆冠古今，而人争欲得之。昨缘寇攘，残缺断裂，殆不可读。偶得纸本于民间，遂命工重勒诸石，庶广其传，亦足以传之不朽也。大宋宣和五年岁次癸卯十月朔，承信郎、就差权处州缙云县尉周明，迪功郎、就差处州缙云县主簿费季文，将仕郎、处州缙云县丞史良翰，文林郎、就差处州缙云县令、管句劝农公事吴延年（同）立。

宋刻原石现藏缙云县博物馆碑廊。目前可靠的李阳冰传世作品不多，我们大概知道的可能是《颜氏家庙碑》的碑额、《唐茅山紫阳观玄静先生碑》的落款、无锡的听松石等。《城隍庙记》基本上是宋代复刻的，为什么要拿出来讲？是因为它确实存在过，它跟唐代有关，是现存李阳冰最早的书迹。因为在民间传说中，"城隍庙碑"又被称为"定风碑"，所以，很多人求此碑拓本，已具祈求出行平安之意。

第二件是"黄帝祠宇"。正文与落款篆书，两行，款落于正文上方，刻工名款楷书。释文：

　　黄帝祠宇。李阳冰，丹阳葛蒙勒石。

通过老拓本，我们得以一窥原碑面目。现在残存的原刻，仅剩原碑石的三分之一。碑刻毁于20世纪中叶，博物馆找回部分已属万幸。缙云县博物馆现在陈列的碑文，是按老拓片复原的。而残存的这些碑石，到底是不是唐代原刻，无法确定，也有可能是宋代复刻的。

缙云"黄帝祠宇"碑现存残石

缙云"黄帝祠宇"碑拓本

十一　缙云：盛唐逸风

除了这两件碑刻，还有一处很著名的摩崖，叫"倪翁洞"。篆书，直刻，无款，国家图书馆藏有早年间的拓片。后来经过今人的改造，此刻成就了现在的样子——仿古立轴，将题名装裱于轴内。据说，是20世纪90年代所为，这种审美在当代人看来啼笑皆非。原来倪翁洞题刻边上是有宋朝人题名的，诸如"王瑜""中玉"等等，现在，大概也只能在旧拓本或者老照片上看到一点点痕迹，基本无法探究了。这里的王瑜与杭州苏轼大麦岭题名的王瑜一样，但是否为同一人，不得而知。北宋的某一天，苏轼或许也和王瑜来过这里？但愿吧，美好的愿望而已。

缙云倪翁洞摩崖原刻　　　　缙云倪翁洞摩崖拓本

缙云倪翁洞摩崖原刻环境

　　吏隐山题字为楷书和篆书两种。因风化剥落严重，字迹不甚清楚，隐约可以辨出，出自李阳冰的哥哥李湜之手的签名"湜曰"。还有部分篆书，用笔圆润饱满，结体重心高悬，古朴沉着，应该是李阳冰手笔，极有可能就是《吏隐山记》。是处摩崖石刻位于市中心公园的山体上，知者甚少。2006年之后，有人公开发现资料，描述传播得比较多，文物部门也逐步清理了一些崖面，使古迹显露真容，待他日学人可深入一探。

　　《全唐诗》卷二百六十二中收有李阳冰唯一一首诗，《阮客旧居》：

　　阮客身何在，仙云洞口横。人间不到处，今日此中行。

缙云吏隐山唐李遅楷书摩崖局部

缙云吏隐山唐李阳冰摩崖原貌

十二

丽水：刺史的忧郁

　　丽水三岩寺的唐代李邕摩崖著录很少，而且学界一直对此持存疑的态度。简要梳理李邕的宦游经历，尤其是在丽水（古称处州）的任职状况，可知这件李邕题刻是可信的。李邕字泰和，广陵江都（今扬州江都）人。其父李善，注梁萧统之《文选》。李邕曾任左拾遗、户部员外郎、括州刺史、北海太守等职，人称"李北海"，是书法史上和王羲之齐名的人物，被誉为"右军如龙，北海如象"。李邕工文，尤长碑颂；善行书，学王羲之笔法又一变出新；以行书入碑，名重当世。李氏书风端庄、雄迈、劲挺，结体紧致，有庙堂之气。此处榜题为楷书，单字的字径超过40厘米，落水之际，方能显露全貌。榜题整幅横阔超过1.2米，浑厚朴茂，蔚为壮观。这是目前丽水地区保存完好的书家题刻和名人法书里最精彩的一处。"李邕"二字落款，保存完好，殊为难得。唐代士大夫多文采飞扬，李邕凭借

一首《咏云》足可跻身大唐诗人行列：

> 彩云惊岁晚，缭绕孤山头。散作五般色，凝为一段愁。
>
> 影虽沉涧底，形在天际游。风动必飞去，不应长此留。

李邕撰文并书写的碑文，在《两浙金石志》里收录的有两通，撰文不确定书写者的有一通。可惜，在清代阮元巡抚浙江的时候，这些碑文已经在前代被翻刻了很多次了，以致阮元在注里说：

> 原石久佚，所存重刻本，字多讹错。（唐赠歙州刺史叶慧明碑注）

> 往年原碑毁于火，屡经翻刻，已非本来面目矣。赵明诚《金石录》、王象之《舆地纪胜》、《嘉泰会稽志》皆作开元二十三年十二月；此碑作开元十三年十二月，以北海本传考之，其任括州刺史在开元二十三年，则是后来重刻时遗去一字耳。（唐法华寺碑注）

十三 青田：山水远方

青田石门洞谢灵运诗刻

丽水青田石门洞最精彩的唐代题刻出自郭密之，其好友高适是名满天下的诗人——"唐诗之路"上集结了很多诗人的交游。还有一件谢灵运题刻，就在这首诗的旁边。郭密之原刻时间为天宝八年（749）。开元、天宝时期（713—756），纪年用"载"，"天宝八载冬"的落

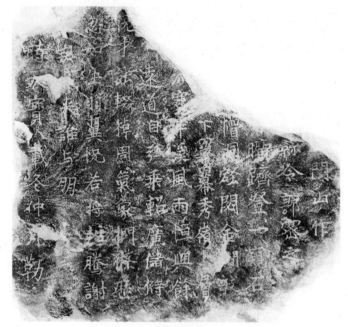

青田石门洞唐郭密之《石门山作》拓本

款，是唐玄宗时期特有的署款方式。

　　郭密之的两首摩崖石刻均保存于石门洞崖壁间。第一首破损严重，只留部分字眼，现依据《两浙金石志》卷二《唐郭密之诗刻二种》补录全文，括号中的文字已残损缺失：

　　　　（使永嘉经谢公石）门山作，（诸暨）县令郭密之。（绝境经耳目，未曾）旷跻登。一窥石（门险，载涤心神）憻。洞壑罔金涧，欹（崖盘石楞。阴潭）下

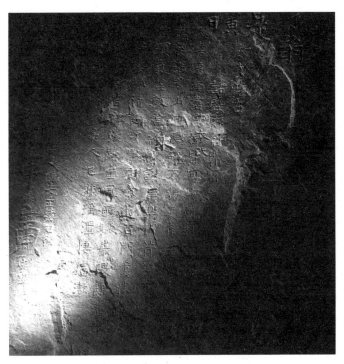

青田石门洞唐郭密之《永嘉怀古》题刻

幂幂，秀岭上层（层。千丈瀑）流塞，半溪风雨恒。兴余（志每惬，心）远道自弘。乘轺广储偫，（祗命）愧才能。辍棹周气象，扪条历（蹇崩）。忽如生羽翼，恍若将超腾。谢（客今已）矣，我来谁与朋。时天宝八载冬仲月勒。

第二首的释文，今按原刻实录如下：

　　永嘉怀古。诸暨县令郭密之。永嘉东南尽，倚棹

青田石门洞唐郭密之《永嘉怀古》题刻拓本

皆可究。帆引沧海风，舟沿缙云溜。群山何隐磷，万物更森秀。地气冬转暄，溟氛阴改昼。缅怀谢康乐，伊昔兹为守。逸兴满云林，清词冠宇宙。尝游石门里，胜践宛如旧。峭壁苔鲜浓，悬崖风雨骤，岩隈余灌莽，□（畔）空泉甃。物是人已非，瑶潭凄独漱。

《两浙金石志》据拓本和地方志所作释文，差强人意，未能改出定稿，今笔者据原刻厘定释文，后一首仅因崖面残泐失一字耳。

又《两浙金石志》注云：

> 右诗刻二种，在青田县石门洞。磨崖一题"石门山诗"，及前后题款年月，凡十一行。一《永嘉怀古诗》及题款，凡八行，俱正书，径寸。嘉庆元年二月临海令华氏瑞潢过此，搜剔出之。按二诗《全唐诗》未载。邑志云，郭密之于天宝中令诸暨，建义津桥，筑放生湖，溉田二千余顷，民便之。旧志止载后《怀古诗》，题作"石门山"，而无前诗，未见石刻也。

石门洞还有两处唐代石刻，磨泐大半，仅余数行字迹，供后人凭吊。

清光绪元年（1875）王棻《青田县志》卷六《金石》著录徐峤《游石门山》：

> 维舟清溪泊，徐步石门瞻。窾屈借岩洞，空□□□纤。□飞下习□，响（下缺）。

青田石门洞唐徐峤诗刻摩崖

《县志》云此诗残刻在青田县石门洞石壁，题下署：敕采访大使、润州刺史徐峤。徐诗后尚存张愿和诗残刻，录如次：

> 题石门山瀑布八韵敬赠□□□公并序。吴郡守兼江东采访使张愿。所历名山观瀑布者多矣，至于飞流若布，远近如（中缺）。百步石壁千寻急流成（后缺）。

《县志》又录云舫跋云：

> 张刻第三行有"奉和某某使游石门山"数小字参于其间。

唐
石门
洞
题诗
石刻
青田
张愿
拓本

《两浙金石志》写道："张诗无残存，故不另录，姑附此以备考。"很显然，《两浙金石志》或许并没有得到张、徐二人诗刻的上佳拓本，我们甚至可以推断，可能阮元就没有亲访是地，故而书中只有关于唐徐峤、张愿诗刻的大致记录：

右诗刻二种在青田县石门洞石壁。一八分书，径五分，题云游石门山敕采访大使润州刺史徐峤。一正书，径七分，题云石门山曝布八韵敬赠（下缺）吴郡守兼江东采访使张愿。二诗俱为宋人大书题名于上，铲损殆尽。徐诗首二行尚可辨，然亦不能句读矣。按徐峤为齐聃之孙，《唐书》附《齐聃传》云，坚子峤，字巨山，开元中为驾部员外郎，集贤院直学士，迁中书舍人内供奉，河南尹，封慈源县公。不言其为润州刺史，乃史文之略。张愿史传无考，惟《苏州郡志》载其名。按《唐书》开元二十一年诸道置十五采访使，检察如汉刺史之职。徐峤、张愿皆以郡守兼此，盖皆江南东道采访使也。苏州本隶江南道，天宝元年改为吴郡，又改刺史为太守，徐峤之刻当在开元二十一年之后，张愿之刻当在天宝中也。钱少詹云，"瀑布"之"瀑"今人多从水旁，此刻独从日旁。考《说文》，瀑，疾雨也。一曰沫也，一曰瀑霤也。《诗》曰，终风且瀑。是瀑有三义，山泉自上出曰瀑布，不见于《尔雅》。且取其疾如瀑雨、其白如布，则从水或取其下垂如曝布之悬，则从日，于义得两通也。

十四

乐清：锦绣绝响

雁荡山一共有四处唐代摩崖。

首先是雁荡山的灵峰。"夏启伯"，是目前为止我们能找到雁荡山最早的有纪年的唐代摩崖石刻。在灵峰景区雪洞的左右侧崖壁上，共有两则太守夏启伯的楷书题刻。

第一则，楷书两行，直列，释文：

太守夏启伯到山。开元二年九月日。

第二则因分化严重，仅部分可辨。楷书，或有三行，直列，释文：

太守夏启伯到此处□□□□。

开元是唐玄宗李隆基的年号，开元二年（714）正值大唐盛世，想必这位地方大吏也是兴致高昂地来此巡游。清代施元孚《雁荡山志》云："雪洞内石壁有古书数十行，石泐不可辨，可辨者'夏启伯太守建寺'等字。"夏启伯，生

乐清雁荡山唐夏启伯题刻一

乐清雁荡山唐夏启伯题刻二

平待考，遍寻史料不见踪迹，或为当时永嘉太守。他到雁荡山后，除了开山，还建寺庙，所以实际上雁荡山由他起头，他对整个雁荡山宗教的影响是巨大的。

开元、天宝年间（713—756），孟浩然等唐代中前期的伟大诗人们，游抵天台山，再往西走，就能很顺利地抵达雁荡山区域。这里有一个很重要的证明——雁荡山第三处唐代摩崖题刻"审言来"，楷书，横列。这处摩崖原来有五个字，叫"杜审言来此"，"杜""此"二字风化无存。这几个字是依据《徐霞客游记》来的，《东瓯金石志》里也有记录。清代嘉善人戴咸弼在温州任府学教授，其专著《东

乐清雁荡山唐杜审言题名摩崖

瓯金石志》卷二中载有杜审言大龙湫题名：

> 木审言来……右"杜审言来"四字，在乐清雁荡大龙湫之下巨石上。楷书；平列，径一尺二寸。龙湫为雁山胜境。其受瀑处，汇为潭。潭广可数寻，袤延三十余丈。潭中石纵横累累，星罗棋布。大者高不过数尺，或面平如砥，可以位置琴尊，供人坐卧，而离湫水较远。水盛时泛滥洋溢，沉没巨浸中；水缩，石多涸出，此刻可见。然游屐所经，意在龙湫，访古之士，百不获一。是以宋元间志乘图经，均未及之。

这段记录很明白地显示，当时的"李"字已剥泐只剩上半部"木"字，而今痕迹全无。"审言"两个字在雁荡山的石刻中出现过两次，除杜审言之外，还有一个叫李审言的，即李复圭，北宋人。为什么能断定这是唐代题刻？理由很简单：第一，古人有著录留下；第二，这两个字是典型的唐代楷书风格，宋代的楷书字势意趣横生，结构不如唐楷紧凑，因而，可推定此处当为唐人手笔。杜审言何许人？大诗人杜甫的祖父，也是闻名当世的文学家、大诗人。我们粗略翻翻《新唐书·文艺传》里关于杜审言的传记，就能知道这位大唐传奇人物的非凡经历。

> 杜审言，字必简，襄州襄阳人，晋征南将军预远裔。擢进士，为隰城尉。恃才高，以傲世见疾。苏味道为天官侍郎，审言集判，出谓人曰："味道必死。"

人惊问故,答曰:"彼见吾判,且羞死。"又尝语人曰:
"吾文章当得屈、宋作衙官,吾笔当得王羲之北面。"
其矜诞类此。累迁洛阳丞,坐事贬吉州司户参军。司
马周季重、司户郭若讷构其罪,系狱,将杀之。季重
等酒酣,审言子并年十三,袖刃刺季重于坐,左右杀并。
季重将死,曰:"审言有孝子,吾不知,若讷故误我。"
审言免官,还东都。苏颋伤并孝烈,志其墓,刘允济
祭以文。后武后召审言,将用之,问曰:"卿喜否?"
审言蹈舞谢,后令赋《欢喜诗》,叹重其文,授著作
佐郎,迁膳部员外郎。神龙初,坐交通张易之,流峰州。
入为国子监主簿、修文馆直学士,卒。大学士李峤等
奏请加赠,诏赠著作郎。初,审言病甚,宋之问、武
平一等省候何如,答曰"甚为造化小儿相苦,尚何言?
然吾在,久压公等,今且死,固大慰,但恨不见替人"
云。少与李峤、崔融、苏味道为文章四友,世号"崔
李苏杜"。融之亡,审言为服缌云。

杜审言为浙江的"唐诗之路"也贡献过一首作品——
《度石门山》:

石门千仞断,进水落遥空。道束悬崖半,桥欹绝涧中。
仰攀人屡息,直下骑才通。泥拥奔蛇径,云埋伏兽丛。
星躔牛斗北,地脉象牙东。开塞随行变,高深触望同。
江声连骤雨,日气抱残虹。未改朱明律,先含白露风。
坚贞深不惮,险涩谅难穷。有异登临赏,徒为造化功。

再来看包举题名，位于龙鼻洞左壁，在灵岩寺后右侧插龙峰下。两行，楷书，直行。释文：

　　包举来。壬寅七月朔。

当时不知道，因为包举边上就是前面提到的北宋人李复圭（李审言），所以大家都以为这件也是宋代的。但是两种字体差别很大，"包举"的捺画和"复"字的捺画，包括"来"字的写法，都差很多，这完全是不同时代的风格形态。

乐清雁荡山唐包举题名

154

从前文德清碧玉潭处可以找到包举，证明包举是唐贞元年间（785—805）人。清代戴咸弼所著的《东瓯金石志》引用《湖州府志》"金石略"一章云：武康县碧玉潭，有唐贞元刺史于頔等题名，其中有"尉包举"等字，可知为唐人题刻无疑。又因有干支年款"壬寅七月朔"，可推知，此题名或是包氏唐肃宗宝应元年（762），或是唐穆宗长庆二年（822）所题。

后记

　　小书的缘起很偶然。一日，与翁于挺、马黎在至微堂喝茶，翁兄问我，最近有什么新的写作计划，一时蒙住。我向来爱说多过爱写，说过就当写过了，若真要形诸文字，磨蹭至极。他就继续问：那最近说了些什么？最近这几年，一直纠缠摩崖石刻，年前，应中国美术学院的邀请，作为艺术家参加了"青山行不尽——唐诗之路艺术展"，并应邀在浙江展览馆做了一个"唐诗之路大讲堂"的讲座，题目是"唐诗之路上的唐代石刻"。翁兄觉得这个讲座蛮有意思的，建议把它整理成书。大才女马黎也热心鼓励我成书。恭敬不如从命，那就试试。

　　回到北京，直奔报国寺求教于刘涛先生和师母孙晓林先生。先生说，先写，只一条：要有根据，要严谨，不可胡说；却也不必写得太学术，通俗易懂也是不错的。开工，昏天黑地一通狂写，黑白作息，颠倒月余，成万言状。又搜罗图片影像，似可成一本可读可游的口袋小

杭州浙江展览馆"唐诗之路上的唐代石刻"讲座现场（2020 年）

书，以不辜负大家的期许。书中有金石之乐，有考释之乐，有访古探幽之乐，有吟咏唐诗之乐。总之，不致无聊。也将这十数年的"面壁之乐"出个小成果。

以往都是偶尔帮助朋友们做点识字翻检的工作，朋友们也会在后记中予以感谢，攒多了，人送外号"后记先生"。终于，轮到"后记先生"在自己的后记里，开列感谢清单了。要感谢的人很多，如有遗漏，也请师友们多多包涵。

后记

笔者设计作品北京故宫武英殿山水布景

　　感谢薛永年先生、王冬龄先生为本书题词。

　　感谢秦明兄赐序。

　　感谢刘涛、孙晓林、孙晓云、刘丹、华人德、朱颖人、尹吉男、张健等前辈尊长。

　　感谢邵群、任晓红、卓军、孙德荣、刘颖、张慧琴、包静等杭州西湖风景名胜区管委会、杭州市文物局领导的无私支持。

　　感谢帮忙并提供图片的同道好友方爱龙、陈洁、翁于挺、马黎、金烨欣、张庆勋、张笑荣、李汉爱、马鹰（特别感谢小马哥的辛勤奔波）。

感谢提供大力帮助的邵彦、金捷、王学雷、丁筱、王冬亮、冯立、姚斌、包爱珠、王毅、黄艺曲、洪俊、石超等友朋。

特别感谢灵隐的一位张姓保安。

尤其要感谢曾经"抹黑"小分队的队员们：葛卫强、王瑀、于海龙、董永俊、吴萌、盛月、任泽君、万伊、陈晓雯。

还有许许多多好朋友未曾道及，一并感铭于心。

后记